新时代老年教育
供给侧改革与发展研究

郑金胜　著

江西高校出版社
JIANGXI UNIVERSITIES AND COLLEGES PRESS

图书在版编目（CIP）数据

新时代老年教育供给侧改革与发展研究/郑金胜著
--南昌:江西高校出版社,2022.11（2024.9重印）
ISBN 978-7-5762-3398-8

Ⅰ.①新… Ⅱ.①郑… Ⅲ.①老年教育—教育改革—研究 Ⅳ.①G777

中国版本图书馆 CIP 数据核字（2022）第 189313 号

出 版 发 行	江西高校出版社
社 址	江西省南昌市洪都北大道96号
总编室电话	（0791）88504319
销 售 电 话	（0791）88522516
网 址	www.juacp.com
印 刷	固安兰星球彩色印刷有限公司
经 销	全国新华书店
开 本	700mm×1000mm 1/16
印 张	12.25
字 数	200 千字
版 次	2022 年 11 月第 1 版 2024 年 9 月第 2 次印刷
书 号	ISBN 978-7-5762-3398-8
定 价	58.00 元

赣版权登字 -07-2022-1146

供给侧改革是国家在经济新常态下开展的重大经济战略,该政策在解放生产力、促进供给角度的结构优化、增加有效供给方面发挥了中长期宏观调控作用。宏观经济政策的调整必然会带动教育事业的发展,供给侧改革已成为当下教育政策制定与理论研究的重要视角。

我国老年人口规模庞大,自 1999 年进入老龄化社会之后,人口老龄化程度持续加剧。截至 2021 年末,我国 65 岁及以上人口突破 2 亿人,达到 20056 万人,比上年增加 992 万人,占全国人口的 14.2%。对于已成为老龄化国家的我国而言,老年教育是积极应对人口老龄化、构建终身教育体系、推进学习型社会建设的主要途径。在当前供给侧改革时代背景下以及我国人口持续老龄化这一态势下,老年教育进行供给侧改革,一方面可以增加老年人力资本,释放老年人口红利,对我国经济结构战略性调整和产业转型产生积极影响;另一方面,可以提高老年人力资源的质量,促进老年人力资源的再利用,将会对我国人力资源的供给结构、再利用和配置产生积极影响。因此,开展有关老年教育的结构性改革的研究是积极应对经济和社会发展变革的重要举措。

本书共分为十章。第一章从全局的角度,对当前老年教育的发展状况进行了分析和论述;第二章对老年教育的理论与机制进行了研究;第三章从国外老年教育供给经验入手,分别对国内和国外的老年教育供给制度进行了分析;第四章、第五章和第六章分别从学校教育、社区教育、远程网络教育三个方面,对老年教育的主体进行了分析和讨论;第七章针对老年教育课程的建设与开发进行了阐述;第八章对教育养老制度的设计及影响层面进行了分析;第九章讨论了老年教育供给侧改革与发展路径;第十章探讨了供给侧改革下老年教育的未来发展趋势。

发展老年教育,需要提高对终身教育、老年教育的社会认同度,即老龄社会不是以老年人为包袱、负担的社会,不是面临老年人危机的社会,不是经济难以持续发展的社会。发展老年教育,可以让老年人享受更高、更好的生活质量,使他们成为家庭和社会的宝贵资源。发展老年教育,将巨大的老年人口压力转化为动力,有助于发挥老年群体的作用,让老年群体成为充满智慧和活力的群体,成为物质文明和精神文明建设的参与者,成为构建和谐社会的重要力量。总而言之,发展老年教育,必将成为老龄化社会的战略选择。

本书在撰写过程中,参考了众多国内外专家学者的最新研究成果,在此表示诚挚的感谢。由于时间和精力的限制,本书在内容上可能会存在疏漏和不足之处,恳请广大读者予以批评、指正!

作　者
2022 年 8 月

目 录 CONTENTS

第一章　老年教育概述

我国老年人口规模庞大,自 1999 年进入老龄化社会之后,人口老龄化程度持续加剧。截至 2021 年底,中国 60 岁及以上人口 26736 万人,比上年增加 334 万人,占全国人口的 18.9%,比上年提高了 0.2 个百分点;65 岁及以上人口突破 2 亿人,达到 20056 万人,比上年增加 992 万人,占全国人口的 14.2%,比上年提高了 0.7 个百分点。据测算,我国将于 2025 年进入深度老龄化社会,2035 年进入超级老龄化社会,速度之快在世界上是史无前例的。从全球情况来看,人口老龄化已经成为当今社会不容忽视的重大问题。在此背景之下,如何丰富老年人的生活、发展老年教育等课题受到社会广泛关注。

第一节　老年教育与老龄化社会

一、老年教育的内涵

(一)老年教育与老年教育学

1. 老年教育

老年教育,又称老年人教育、老龄教育或老年公民教育、第三年龄教育。目前,国内对老年教育的概念尚无统一的界定。吴忠观的《人口科学辞典》对老年教育的定义表述为:"让老年人继续学习而进行的教育活动,它是整个教育事业的一个组成部分。老年教育不是为职业生涯做准备,也不是职业培训,既不同于普通教育,也不同于职业教育和专业进修教育,而是根据老年人的生理和心理特征进行的一种特殊教育。其目的是使老年人增长知识、开阔视野、丰富生活、增强体质。"老年教育的对象是各个层次的老年人。

2. 老年教育学

老年教育学是在老年学和教育学发展的基础上诞生的,是老年学和教育学的分支与交叉学科,是研究培养老年人生存与发展能力及其规律的学科。从 20 世纪 70 年代起,各国学者开始涉足老年教育这个领域,老年教育学方面的成果不断问世。目前,这一学科的不同名称出现在欧美学者和亚洲学者的研究成果中,大致有如下几种:老龄教育学(pedagogy of aging)、老年教育学(gerontological education)和教育老年学(educational gerontology)。

老年教育是以老年人为对象的教育体系。它分布于四大领域——学校教育、家庭教育、社区教育、远程网络教育。老年教育学是交叉学科,与哲学、伦理学、社会学、管理学、经济学、法学、心理学、行为学、医学、生物学等学科联系紧密,因而分支学科有很多,其学科建设比较复杂,课程设置比较丰富。

老年教育学是一门以老年人为对象,揭示老年教育现象和规律的学科,老年教育学的建立有利于推动老年教育实践的发展。随着老龄化社会的到来,老年教育需求逐年增长,老年教育实践蓬勃发展。然而,长期以来,老年教育的理论研究相对薄弱。这一现象与我国老年教育的快速发展形成鲜明对比:一方面,老年教育快速发展,需求日益迫切;另一方面,对老年教育的理论支持性和指导性研究尚在摸索中。目前,我国老年教育正由"探索的实践"转向"自觉的实践",在这个历史性的转变时刻,迫切需要老年教育理论的支撑和指导,政府、社会和学界对加强老年教育学研究的呼声日趋高涨。

(二)老年教育的特征

张维华分析了老年教育所具有的独特性,其表现为:接受教育的非强迫性和老年教育事业的福利性,教育内容的多样性、趣味性,组织形式的灵活性和教学方式的开放性,管理工作的服务性和效果评价的社会性。

学者张惠指出,老年教育既属于社会教育范畴,又属于继续教育和成人教育范畴。它最大的特点是无门槛、开放性、福利性和灵活性。它对提高国民素质、建设学习化社会都有着重要的作用。

叶忠海分析了老年教育的特性,指出老年教育具有以下特点:教育对象具有老龄性;教育宗旨是促进积极老龄化;教育过程是学、乐、为结合整体化;教育原则是弹性和自愿性;教育模式是教与养结合一体化。

总体来说,老年教育具有组织管理的社会参与性和福利性,教育目标的多向性和内容的多样化,组织形式的灵活性、群体性和活动性,教育范围的区域性等特点。老年教育与未成人教育具有共同的特性,如教育领域的社会开放性、教育过程的终身性、教育内容的丰富性、教育组织方式的灵活性。同时,老年教育有鲜明的区别于其他类型教育的特点。例如:老年教育的对象主要是离退休的老年人;老年教育是属于终身教育体系范畴的非学历教育,具有明显的自愿性、自主性、选择性、多样性;教学内容上表现出丰富灵活、自主选择、有益康乐的特点。

二、老龄化社会

(一)老龄化社会的内涵

人口老龄化是对年龄结构特征变化的定性描述,是对人口年龄结构基本特征的统计综合。按照联合国与世界卫生组织的定义,60 岁及以上人口占总人口的比重超过 10% 或者 65 岁及以上人口占总人口的比重超过 7% 的人口结构称为"老年型人口结构"。从 1999 年开始,我国进入老龄化社会。从"十二五"时期开始,我国老龄化速度加快,老龄化社会矛盾日益凸显,直接影响着经济社会的发展和学习型社会的构建。据预测,到 2030 年,中国 60 岁及以上人口占比将达 25% 左右;到 2050 年前后,中国老年人口数将达到峰值 4.87 亿,占总人口的 34.9%。

(二)人口老龄化的趋势

目前,我国已是世界上人口老龄化程度较高的国家之一,独特的人口政策和迅速的社会经济转型使得我国人口老龄化的出现、发展有鲜明的特点:老龄化的速度快、规模大,同时还呈现出以下四个特有现象。

1. 未富先老

与"边富边老"和"先富后老"的发达国家不同,我国在刚进入老龄化社会时处于"未富先老"状态。从现有的经济发展趋势来看,我国还没有达到"富有"的水平,即人口老龄化进程超前于经济发展和现代化进程,这使我国面临更多的风险、更严峻的挑战。

2. 未备先老

面对人口老龄化的迅猛发展,我国在人力、物力、财力、认识和制度等方面准备不足,养老保障制度缺位严重,养老服务、老年教育体系发展滞后,市场供给缺口巨大。

3. 家庭小型化

老年人抚养比是指人口中非劳动年龄人口数中老年部分与劳动年龄人口数之比,用以表明每 100 个劳动年龄人口要负担多少个老年人。从抚养比来看,中国人口经历了以少儿抚养比占绝对优势向老年人扶养比超过少儿抚养比的转变。粗略来看,1980 年及以前,少儿抚养比超过 60%,老年人抚养比不到 13%;2019 年,少儿抚养比下降到 25% 左右,老年人抚养比上升到 28% 左右,这些数据的背后是全国老年人口的快速增长。上海社会科学院杨昕指出,当少儿人口和老年人口规模增加而劳动年龄人口规模下降时,就会出现少儿抚养比和老年人抚养比上升的情况。从现实情况看,当前我国已经实行了三孩政策,但受第一代独生子女进入赡养老人阶段与前期二孩政策的相互影响,现在很多家庭是"4—2—1"或者"4—2—2"的格局,既要照顾下一代,又要承担四个老人的养老责任。如何才能让自己的父母老有所养,这个问题将会在很长一段时间内困扰这一代人。

4. 家庭空巢化

随着城镇化进程的加快,大量农村青壮年劳动力流入城市,大量年老体衰、寂寞孤独的留守老年人住在村里。一些老人老无所依、老无所养,成为老年人这一弱势群体中的最"脆弱群体"。同样,城市里也出现了不少空巢老人,子女到外地工作或出国的现象很普遍,这些老年人也没有子女陪伴。

(三)人口老龄化的影响

中国人口老龄化的过程既是老年人口总量增长的过程,也是人口高龄化的过程。人口老龄化对我国社会主义现代化进程将产生全面而深远的影响。一方面,增加经济、社会负担。由于劳动力人口比例缩减,老年人口比例增加,全社会用于养老、医疗、照护、福利保障和设施建设等方面的支出将大幅增加,政府财政负担加重。另一方面,人口老龄化将改变劳动力供给格局并影响技术进步,使得劳动力资源短缺,与技术进步相关的人才、资源投入相对不足,导致经济增长乏力。此外,人口老龄化还可能会影响宏观经济安全,对国家能源结构、产业结构、金融系统的稳定性产生深远的影响。预计到2050年,全社会用于养老、医疗、照料、福利与设施方面的费用占GDP的比例,将由现在的7.33%增长到26.24%。

第二节　学习型社会与老年教育的意义

一、对学习型社会的认识

(一)学习型社会的内容及发展趋势

1.学习型社会的定义

学习型社会是20世纪60年代由美国学者哈钦斯首先提出的。20世纪70年代,联合国教科文组织提出:人类要向着学习化社会前进。此后,许多国家相继开展了学习型社会创建活动。所谓学习型社会,就是有相应的机制和手段促进和保障全民学习和终身学习的社会。其基本特征是善于不断学习,形成全民学习、终身学习、积极向上的社会风气。其核心内涵是全民学习、终身学习。学习型社会是指形成全民学习、终身学习的良好制度和氛围,能够满足人民群众知识更新、技能提升和身心发展要求的社会。建设学习型社会,是提高全民族思想道德素质和科学文化素质的要求,是经济社会发展的需要,是现代社会文明进步的重要体现。

2.学习型社会的内容

学习型社会是时代发展和社会进步的产物,它对学习的要求比以往任何时候都更强烈、更持久、更全面。全社会的人只有不断地学习,才能应对新的挑战。学习型社会不是自然而然地形成的,需要人们根据实践发展的要求,共同推进学习行为的社会化和普遍化,包括学习型公民、学习型家庭、学习型组织、学习型政党、学习型政府、学习型企业、学习型社区、学习型城市等方面。

从系统论的视角来看,学习型社会是一个宏大的社会系统工程,是由不同层次、不同类型的要素或环节组成的。上文提到的学习型城市、学习型社区、学习型组织、学习型家庭等,都是不同层次的要素;如果对学习型组织进行细分,还包括学习型机关、学习型企业、学习型学校等。正是这些不同的要素相互关联,共同构成了学习型社会的社会系统工程。

3.学习型社会的发展趋势

当前形势下,建设学习型社会已成为我国重要的发展战略和政策选择。社会的发展对人的文化素质提出了更高的要求,而构建学习型社会服务体系离不开人们学习习惯的养成,以及自身知识水平和能力的提高。中共中央总书记、国家主席习近平在为第五批全国干部学习培训教材作序时强调:我们党依靠学习创造了历史,更要依靠学习走向未来。要加快推进马克思主义学习型政党、学习大国建设,坚持把学习贯彻新时代中国特色社会主义思想作为重中之重。努力培养斗争精神、增强斗争本领,使思想、能力、行动跟上党中央要求、跟上时代前进步伐、跟上事业发展需要。

(二)终身教育与终身学习

终身教育与终身学习是两个本质一致、互有联系又各有侧重的概念。终身教育更多地强调国家或政府及教育机构给公民提供教育机会和教育服务,以满足社会成员人生各个阶段多种多样的教育需求。正因为这样,联合国教科文组织发表的报告《学会生存》强调“终身教育是学习化社会的基石”。终身学习则强调公民个人是学习的主体,人的主体性在学习里得到了前所未有的突显,而这正是人之所以为人的根本特性。学习不仅是人的一种权利,而且是人的一种责任和义务。终身学习强调人的主体性、自主性、能动性、责任性,人的态度和动机,人的潜能的开发和人的完善。可见,相较于终身教育,终身学习在人的发展与完善方面处于更高的层次。终身学习将成为我国乃至世界教育发展的必然趋势和本质特征。全民终身学习基本形成之时,就是学习型社会实现之日;全民终身学习全面有效开展之时,即是人人皆学的学习化社会实现之日。

国际21世纪教育委员会向联合国教科文组织提交的报告《教育——财富蕴藏其中》精辟地指出,终身教育的目标是建立学习化社会。所谓学习化社会,指的是处处学习,时时学习,人人学习。如果越来越庞大的老年群体不能受到良好的教育,那么就缺少终身教育的最后一环——老年教育,学习化社会也就无法实现。可见,老年教育的发展对积极推进和完善终身教育体系、建立学习型社会发挥着重要的作用,是终身教育理论中一个不可缺少的环节和重要组成部分。

(三)发展老年教育是建设学习型社会的重要内容

老年教育的目的和任务有两个:一是提高老年人的整体素质,提升老年人的生活质量、生命质量;二是形成学习型社会。前者是个体发展目标,后者是社会发展目标,两者相辅相成,缺一不可。老年教育不是单纯的知识的教育、技能的传播。对老年学习者来说,提高生活质量、生命质量,是他们参加老年教育的根本目的。作为终身教育不可或缺的重要部分,老年教育应该为老年学习者提供各种学习条件,为学习型社会的形成搭建平台。

学习型社会作为现代社会发展的一个重要特征,是时代发展和社会进步的产物,它对学习的要求比以往任何时候都更强烈、更持久、更全面。只有全社会的人包括老年人不断地学习,才能应对新的挑战,才能真正形成学习型社会。如前所述,老年学习属全民学习、终身学习的一个重要组成部分,老年教育是学习型社会的一项重要内容。建设全民学习、终身学习的学习型社会,必须发展老年教育。

二、发展老年教育的意义

如前所述,应对老龄化社会带来的种种挑战,必须加快推进我国老年教育发展。老年教育的意义主要在于:推进老年群体功能持续社会化,使他们更好地适应退休生活和新的社会角色,促进社会和谐与稳定;促进文化知识的传承,使未受过正式教育的老年人有机会学习文化知识,使已受过正式教育的老年人的文化知识得到更新;提高生产技术和劳动技能,使那些身体健康并有重新就业愿望的老年人获得就业的能力和条件;丰富精神生活,使老年人的晚年生活过得更加充实、更加多彩;提高老年人的社会参与率,有利于和谐社会的构建;提高老年人的修养,有助于精神文明建设。

(一)老年教育是学习型社会建设的迫切需要

个体社会化的过程伴随人的一生,直到生命终止。终身教育主张教育应该贯穿于人一生中的各个年龄阶段,而不是只在青少年时代;终身教育是人从出生到死亡的一生的教育,是个人及社会整个教育的统一综合,它提倡人活到老、学到老。老年期社会化是个体社会化的最后阶段。学习型社会以终身教育体系的构筑为基本内容,以自由、便利、集约为基本特征,以人的全面、和谐、持续发展为基本目标。通过"老有所学""老有所为""老有所乐"等途径,使退休老人社会化或重新社会化,是老年教育的意义与作用所在。

(二)老年教育是实现健康老龄化的重要举措

健康老龄化是 20 世纪 80 年代后期,由于世界人口老龄化的发展而产生的一个新概念。它包括三项内容:一是老年人个体健康,包括老年人生理和心理健康以及具有良好的社会适应能力;二是老年人口群体的整体健康,包括预期寿命延长以及与社会整体相协调;三是人文环境健康,即人口老龄化社会的社会氛围良好,社会发展持续、有序、合规律。由此可见,健康老龄化一方面是指老年人个体和群体健康,另一方面是指老年人生活在一个良好的社会环境。

健康老龄化是迎接人口老龄化挑战的战略措施,是建立健康的老龄化社会的必要条件。老年人拥有充裕的闲暇时间,有意义地安排这些时间,充实他们的生活,不仅是关系到老年人自身的小事,也是关系到整个社会的稳定状态、关系到整个社会的文明程度、关系到国民素质提高的大事。

(三)老年教育是促进社会经济可持续发展的重要手段

不可否认,老龄化对社会经济发展有着某些不利的影响,但我们也应看到,老年人并不全是常人所想象的弱者,他们仍然是有效的人才资源,他们本身就是一座知识和智慧的宝库。随着人们生活水平的提高,人类寿命的延长,按现在的退休制度,人们退休后至少还能健康生活 20 年。在这一段时间里,老年人通过学习,不断吸收新思想、接受新事物、开拓新视野,必然对社会经济、文化建设起到积极的促进作用。

(四)老年教育是老年人受教育权的重要体现

让老年人接受教育是一种基本人权,要考虑到老年人的教育权这项权利,并根据他们的身心特点为他们提供充分的教育资源和适宜的教育方案,让他们公平地参与学习进而从教育中受益。《中华人民共和国宪法》《中华人民共和国教育法》都规定中华人民共和国公民有受教育的权利和义务。

《中华人民共和国老年人权益保障法》也规定老年人有继续受教育的权利。国家发展老年教育,要重视发展广播、电视、网络教育,鼓励和指导社会力量、非政府组织按照有关规定兴办各类老年学校。

此外,我国学者林亭玉曾指出,老年教育的意义在于协助老人维持健康的身体,保持积极的生活态度;补充老人适应社会生活环境变迁的知识,满足老人各种教育需求;帮助老人客观检视生命历程,规划充实丰富的未来;开发老人自我实现的潜力与机会,促进个人与社会同步发展;教导老人健康地面对生命终点站,不忧不惧,勇敢而有意义地走完人生全程。

党的十八大以来,党和国家事业的发展再次站在新的历史起点上,稳步迈向一个全面发展、全面进步的新时代。当前,我国老年教育事业正处在一个新的发展时期。党的十九大报告强调,要"坚持在发展中保障和改善民生","在幼有所育、学有所教、劳有所得、病有所医、老有所养、住有所居、弱有所扶上不断取得新进展","保证全体人民在共建共享发展中有更多获得感,不断促进人的全面发展";"要抓住人民最关心最直接最现实的利益问题","完善公共服务体系,保障群众基本生活,不断满足人民日益增长的美好生活需要";要"积极应对人口老龄化,构建养老、孝老、敬老政策体系和社会环境,推进医养结合,加快老龄事业和产业发展";要"优先发展教育事业","办好继续教育,加快建设学习型社会,大力提高国民素质","办好人民满意的教育";等等。这些关于教育的论述,是引领我国老年教育事业发展的重要理念。2021年颁布的《"十四五"国家老龄事业发展和养老服务体系规划》,也对我国老年教育工作提出了明确的要求。我们要以习近平新时代中国特色社会主义思想为指导,加快推进我国老年教育事业的发展,提升老年教育水平,不断开创我国老年教育事业发展的新局面。

第三节 老年教育的价值

一、老年教育的经济价值

老年教育使老年人获得了生存和发展的资本。他们运用智慧和知识继续创造经济效益和社会效益,发挥潜能,施展才华,力所能及地为社会做奉献。他们仍然在产出,而不是单纯的消费者。因此,享受终身教育的老年人不是"负担",而是社会的财富,这体现出老年教育的经济价值。

(一)公共经济价值

创造公共经济价值是指为国家和社会创造财富、积累财富,是老年人接受教育后,其资源得到开发的结果。老年资源与劳动年龄人口资源整合,带来劳动年龄人口之外的经济增长的源泉,称为老龄社会劳动力市场的"人口红利",对社会经济的协调发展起促进作用。老年人参与社会,使部分纯消费人口转化为生产人口,降低老年人供养比,解决人口老龄化带来的劳动力短缺问题和储蓄率下降问题。也就是说,人口老龄化给社会可持续发展带来巨大挑战的同时,又因老年资源的丰富而给社会带来了机遇,他们可以创造新的公共经济价值。

老年教育的公共经济价值是以公共经济收益来体现的。老年人口整体素质的提高,对经济增长率的提高具有重要作用。经济价值的产生,离不开人力资本。人力资本是"凝聚在一国劳动力中的技术知识和技能的储存。它来源于在正式教育和在职训练方面的投资"①。经济学家将人力资本的定义与对教育的投资联系起来,认为人力资本是"人们经济有效地生产的能力的存量。这些能力是人的天赋与人的投资相结合的产物。这种投资包括教育、在职培训、保健与营养等方面的开支。这些支出以耗用现在的消费量为

---

① 萨缪尔森,诺德豪斯.经济学:第14版[M].胡代光,余斌,张军扩,等译.北京:北京经济学院出版社,1996:1372.

代价来增加将来的生产能力"①。老年教育的经济价值能够抵消一部分人口老龄化所带来的社会负面影响,如:劳动力短缺,劳动力成本升高,竞争力下降,效率降低;老年人口比重高,医疗成本上升,赡养比加大,国家对养老、医疗的支出压力加大。积极老龄化政策的提出,有助于提高老年人的文化教育水平,使他们享有健康和保障,有助于开发老年人力资源,激发社会活力,变人口压力为动力,实现老龄社会的公共经济价值,从而进一步增强国力。

非健康人群对公共经济价值具有负面影响。众所周知,老年人的非健康状况,会制约社会经济的发展。老龄化社会中患阿尔茨海默病的人数呈上升趋势,这种以智能障碍为主的大脑退行性慢性疾病,会使老年人遭受智能损害,进而出现智能缺失,如记忆障碍、思维障碍、判断障碍、语言障碍、计算障碍、精神功能障碍和运动障碍等,降低社会适应能力。据统计,阿尔茨海默病多发生于 65 岁以上的老人,约为 5%,85 岁以上的患病率约为 20%。世界上的阿尔茨海默病患者为 2400 万,仅美国阿尔茨海默病患者的医疗花费每年高达 1000 亿美元。据估算,中国的阿尔茨海默病患者约有 600 万人,高额的医疗费、护理费及家人的误工费,给社会经济带来巨大的损失。从实际情况来看,阿尔茨海默病的发病率与受教育程度呈负相关。北欧研究人员对 1400 名芬兰人进行了 20 多年的跟踪调查,发现被调查人员受教育的时间越长,患阿尔茨海默病的危险越小。我国南方地区 65 岁以上的老人患阿尔茨海默病的概率为 3.9%,北方地区为 6.9%,即北方地区的发病率高于南方地区。农村 65 岁以上的老人的患病率高于城区 2.5 倍,以山区为最高。城乡文盲老人的阿尔茨海默病患病率高于非文盲者。阿尔茨海默病的发病率与老年教育发展状况呈负相关,老年教育发展得越好的地区,老年人的阿尔茨海默病发病率越低;相反,老年教育发展滞后的地区,老年人的阿尔茨海默病发病率较高。阿尔茨海默病不仅使老年人的生活质量很低,家庭与社会的照料负担很重,而且使国家的医疗费用增加,对社会经济发展十分不利。接受老年教育是老人对健康的一种投资,老年人坚持科学健康的生活

---

① 格林沃尔德. 经济学百科全书[M]. 李滔,冯之佩,孙永澂,等译. 北京:中国社会科学出版社,1992:241.

方式,所产生的公共经济价值是不可估量的。

治理老年贫困对公共经济价值具有积极影响。发展中国家的人均 GDP 为 1000 美元左右,面临着"未富先老"的挑战。老年教育的经济价值的最直接体现是消除老年贫困(或减少老年贫困),改善养老生活。即便是人均 GDP 达到 10000 美元的发达国家,处于"先富后老"的状况,也仍然承担着养老的巨大压力。老年人的生活品质还会受到种种因素的影响,包括经济来源、居住环境、赡养服务保障等。现代社会仅靠个人经济收入不能完全解决养老问题,必须让老年人通过接受老年教育,来解决知识贫困、经济贫困、健康贫困、环境贫困问题,使老年人能够参与社会,开发为老人服务的产业和事业,增加公共经济价值,提升养老的品质和能力,继而享受到现代经济和文化发展的成果。

老年人参与社会创造了公共经济价值。老年人在退休后,仍是社会的有生力量。学习对他们来说十分重要,这不仅是本身工作需要,也是社会的要求。丰富的退休生活和健康质量保障都需要以接受各种教育为基础。汇丰银行在《退休前景》报告中指出,调查显示,在 70 多岁人群和 60 多岁人群中,分别有 11% 和 33% 的人仍在从事某种有酬工作。在美国,70 多岁的人中有 19% 的人仍在工作。这份报告计算出,60 岁以上人群有酬工作缴纳的个人所得税达 397 亿英镑。年纪较大的人每年从事价值数十亿英镑的无偿义务工作,在照顾亲属方面做出了贡献。老年人通过缴纳所得税和义务志愿服务所创造的公共经济价值充分显现出来,老年教育的功利价值,从养生价值到继续参与社会、奉献社会的价值更为突出。

(二)个人经济价值

教育对现代老年人力资本的有效投入,使传统社会中视老年人为负担的观念有了很大变化,"老是宝"在许多国家已形成共识。通过老年教育,开发老年资源,各行各业的老年管理人才、专业技术人才、高技能人才有了新的用武之地。"第二青春期"的创造力在知识界和智力劳动中有了更多的体现,老年群体为社会继续奉献的精神将使世界变得更有生气。

1. 老年人健康资本的经济价值

人的健康资本与智力资本是有联系的。世界卫生组织在 1990 年提出用健康老龄化(healthy aging)的战略对策来应对人口老龄化的发展。将健康的概念扩展,包括躯体、心理、智力和社会适应能力等诸方面状况良好,而不单指没有生理性疾病。健康资本的经济价值在于,延长老年人保持自立、自理能力的岁月,有尊严地生活,并能适应现代社会的生活方式,力所能及地为社会做出新的贡献。老年人通过学习不仅能够延年益寿,给生命以时间,而且能够获得不同领域的各种新知识,实现人生的社会价值,给时间以生命。老年人的年龄分为时序年龄、生理年龄、心理年龄和社会年龄。健康长寿的老年人,在时序年龄增加的同时,可以延缓生理年龄,可以拥有青春活力的心理年龄,可以延长有效劳动岁月的社会年龄,具有很大的经济价值潜力。

健康老龄化有助于成功地解决老龄问题,因此又被称为"成功的老龄化"(successful aging)。联合国第 47 次大会通过的《2001 年全球解决人口老龄化问题方面的奋斗目标》指出:"健康老龄化是指从整体上促进老年人的健康,从而使老年人在体力方面、才能方面、社会方面、感情方面、脑力和精神方面得到平衡发展。"实现健康老龄化可以减少导致老年人病理性和社会性老化的因素,最大限度地延长老年人参与社会经济发展的时间和延缓生理功能衰老,使晚年生活更有价值、有意义。国际老年学学会指出,科学要为健康老龄化服务。当健康相对于疾病而言时,预防和治疗疾病,延缓生理衰老是我们的首要目标。当健康相对于成功的社会化过程而言时,延缓心理和社会参与方面的衰老是更深层次的目标。健康资本所创造的经济价值不仅仅是减少治疗疾病的巨额费用,健康人群所创造的社会财富和美好生活是任何资本都不能替代的。

2. 老年人智力资本的经济价值

对知识资源的占有以教育为基础。新技术革命带来知识的突变,知识总量迅速增长,知识更新周期大大缩短。据专家估测,人类在近 30 年所获得的知识总量等于过去 2000 年的总和;未来 30 年,人类的科技知识总量将在现有基础上再增加 100 倍。社会科技变革的加速,超出人们的预料和想象。过去革新一项技术,往往要经过几代人不懈努力,现在不少新技术在一代人中就完成了,甚至在很短的时间更新换代。任何人都不能回避社会的急剧变革,每个人都面临着物质和精神两大领域高速发展所带来的挑战和机遇。

为适应世界的变化,跟上时代的潮流,人人都要做出接受终身教育的选择。正像有的学者指出的一样,许多科研成果和工艺流程,在 10 年、20 年前还能引导着科学的进步。但是,在目前许多情况下,它们已经变得无用了。因技术进步造成的失业,促进了成人教育的发展。而缺乏科学知识导致的老年生活质量下降,更使老年教育成为老年生活之必然选择。在社会主义新农村建设中,老年农民以科技促兴农。据统计,重庆一些老年学校的学员努力学习科学种田,有 93.6% 的学员年收入提高 1000 元至 2000 元,最高达到 5000 元,经济效益、社会效益十分明显。

现阶段的老年人,特别是发展中国家的许多老年人,由于历史的局限性,以及接受教育权利的不平等和受教育机会的不均等,从小没有条件学习文化知识;同时,许多老年人年轻时工作繁忙,没有时间求学。为了后代能有一个好的学习环境,获得更多、更好的受教育机会,他们宁肯牺牲自己,甘做铺路人。进入老年后,他们意识到时代的变化对人的素质提出了新的要求,尽管受到年龄、学历、途径等种种限制,但仍然需要接受新的教育和社会实践。即使是过去受过高等教育的老年知识分子,在现代社会也不能光吃老本。他们要积蓄新的资本,要学习新知识、新技能,接受各方面的教育,使自己具有现代意识、现代智能和现代行为方式,以提升生活品位。

3. 老年人交换资本的经济价值

老年人在教育中获取交换资本,对于挖掘老年人力资源的潜力、有效利用老年人才宝库、实现整体性人力资源的开发和利用具有重要意义。交换是人类社会一种基本而普遍的行为模式,人们只有具有交换的资本,才能承担交换的社会角色。都德认为,老年人需要有自己的东西才能与人交换,除了钱以外,还有另一种货币,包括老年人的知识与经验,这是老年人的资本,即老年人的优势。不论是代际之间的交换,还是老年人之间的交换,都需要拥有资本,缩小自身的劣势。老年群体所拥有的资本越多,社会可持续发展的程度就越高。如退休医生程时达夫妇用自己学到的本领为社会服务,坚持 18 年办学,发挥他们的特长,为 450 多名智力残疾者、伤残儿童开启智慧之门,使他们先后走上自立之路。退休高工李宗正运用所学知识带领 4 名下岗的儿子及儿媳与多名下岗职工搞贸易,进行技术信息咨询,不仅解决了下岗者的生计问题,每年还为国家纳税数万元。他们发挥退休人员的优势,为国家分忧,为家庭解难,创造了新的价值和财富,从中品尝到光彩人生的喜悦。

通过老年教育,许多老年人获得了健康,消除了贫困,老有所为,创造了公共经济价值。不少老年人没有坐享社会成果,单纯接受下一代人的服务,而是寻求奉献的机遇。他们进入社会人才大市场,围绕解决资源、环境、科教、贫困、治安以及养老等经济和社会问题,选择自己力所能及的事来做。他们用学习所获得的知识,改善自己的生活方式,提高自己的生活水平,创造了个人经济价值。老年人参与社会,降低了赡养系数,补充了短缺劳动力,增加了国家财富积累,减轻了财政负担,使代际交换趋于合理,为保持经济社会的可持续发展贡献了自己的力量。

二、老年教育的社会价值

老年教育的社会价值是指老年人通过教育,引导老年人向社会所期望的方向发展,自我超越、自我实现,不仅与各代人共享社会发展的成果,而且成为构建和谐社会的有生力量。老年教育的价值取向是将老年人的发展作为宝贵的实践,它不局限于学习知识、获得信息,而是在于运用知识,学会思考和适应新的生活方式,促进"人的全面发展",实现"从必然王国进入自由王国的飞跃"。这不仅是年轻一代在生命历程中追求的方向,也是老年一代体现完整一生的目标。

老年教育的社会价值包含很多方面,有家庭价值,有社区价值,有环境价值,等等,归结到一点,是让老年人拥有足够的养老资源,发挥老年人这种宝贵的社会资源的作用,让老年人成为建立良好社会秩序的积极力量。社会变迁,使得原有的社会秩序被打乱,建立新的社会秩序,是每一个社会人都不可回避的。

(一)新的社会生存理念与社会价值取向

21 世纪的生存理念是终身学习理念。传统社会与现代社会的显著区别之一是对老年生存理念的认识。在传统社会,科学技术落后且发展缓慢,老年人可以靠经验生存。在现代社会,科学技术的发展日新月异,原有的经验不能满足社会需求,知识的更新速度也越来越快,老年人的生存理念发生变化,靠科学和教育生存成为现代老年人的选择。老年人将通过社会网络支持系统以保障终身学习,以获得自身需要的知识、技能,发挥自身的潜能,使自身在任何时期、任何情况和任何环境都更有信心创造性地、愉快地生活。

在传统农业社会,老年人靠经验生存。传统社会生产以劳动密集型产业为主,家庭经济靠劳动力数量的占有取胜,其价值体现在劳动力数量的占有上。老年人靠平生劳动经验取胜,受教育主要在青少年时期。持续了数千年的农业社会生产方式落后,刀耕火种的生产经验和日出而作、日落而息的生活方式沿袭了数十代人,人口预期寿命短,人活到50岁便有高寿之称。古人根据年龄来决定受教育的时间,将人生受教育的时间定在20岁之前,认为知识来自长辈传授,经验靠个人积累。所谓老年人见多识广,是讲他们的"老本"厚。"老年人过的桥比年轻人走的路还多""姜还是老的辣""不听老人言,吃亏在眼前"等俗话,都在提醒年轻人以长辈为师。老年人是教育者,接受教育则是年轻人的事。老年人所拥有的财富是经验,生产和生活方面的经验积累使他们在社会和家庭中享有较高的威望,处于权威地位。

工业社会生产以资本密集型产业为主,工业经济又称为"自然资源经济",其价值体现在对自然资源的占有。工业发展所引发的技术革命,可以降低产品成本,提高工作效率,但工业经济在发展进程中也面临着种种危机,诸如经济危机、战争危机、意识形态危机、生态环境危机、能源危机,甚至人口危机、家庭危机。随着人口老龄化的速度加快,社会的压力越来越大。在寻求解决途径时,人们发现靠以往的经验已解决不了层出不穷的现实问题,要从根本上解决问题,只能走社会进步、国家繁荣、人口控制和环境净化的道路,关键是靠人的全面发展。

在传统观念与现代观念的激烈冲撞中,提高人类的整体素质,靠的是教育。老年人的价值取向随之发生变化,不仅要适应生存需要,而且要适应发展需要。老年人仅仅靠自身的生产和生活经验已难以适应现代化社会发展的需要。活到老、学到老的价值观念有了新发展。

在知识信息社会,对知识资源的占有成为生存选择。在农业社会向工业社会过渡,即从劳力经济向自然资源经济过渡的过程中,教育的对象、内容、形式、价值目标都发生了较大变化。工业社会如今已向知识信息社会过渡,高新技术注入传统产业,即向智力资源过渡。知识信息社会是知识成为促进经济增长的一种要素,以现代科学技术为核心,建立在知识和信息的生产、存储、使用和消费之上的社会形态。知识信息社会以知识密集型产业为主,以高新技术产业为第一产业支柱,以智力资源为首要依托,以信息化带动工业化,其价值体现在对知识资源的占有。

数字化生活方式使许多老年人望而却步,老年人的生活质量受到数字化生存的挑战。网上购物、网上参观、网上订餐,银行刷卡、手机短信、电子游戏,数码摄影、DV 短片、动画网页制作……高科技改变了家庭生活,学会利用各种电子设备,包括电脑、微波炉、数字冰箱、数字电视、数字洗衣机等成为日常生活的基本技能。接受老年教育,让老年人共享社会资源,让老年人拥有社会资本,是老年人在知识信息社会学会生存的必由之路。

(二)代际地位变化与社会价值取向

代际地位发生了变化。当代文明社会与原有社会发生冲突,出现了家庭危机、道德危机、老人危机和生态环境危机等社会问题,其原因大都与代际资源的配置有关。而代际资源的合理配置,是衡量社会文明程度的标尺。家庭的社会价值、道德的社会价值、老年人的社会价值在现代社会的代际资源的配置中处于不平衡状况,发生矛盾和冲突是难以避免的。传统社会的家庭和社会资源由老人掌控,宗族、家族的首领一般是老人。无论是物质资源,比如对土地、耕种、财产的计划和把握,还是文化资源、风俗礼仪、家规家法,都由老人决定,形成长老权威、长老统治的局面,老年人占有家庭和社会的主要资源,居于权威地位。

一般来说,人的地位与人所拥有的社会资源是对应的。社会变迁使得老年人所拥有的权威地位丧失,社会资源配置发生了很大变化。随着社会经济的发展、科学技术的进步、人口预期寿命的延长,老年人的有效劳动时间延长。但在使用计算机、学习现代科学技术方面,老年人不如年轻一代学得快。而传统农业工具和旧机器工艺被迅速淘汰,污染性强的企业被关闭,科学种田被推广,高新产业不断发展,老年人的许多经验受到了排斥。年轻一代的文化教育水平大大超过了老一代人,在市场竞争机制下,企业为提高效率更加重视年轻人,许多中老年人被淘汰。如今乡村实行村民自治制度,国家政权深入基层,过去由老人担任部分村主任、村支书的职务,管理村务、政务,现在则由中青年担任。在传统社会秩序被打破后,老年人不再是绝对权威。家庭赡养功能弱化,实际上,老年人所拥有的社会资源在减少。

在市场竞争机制下,代际之间的职业分布、职位升迁、经济收入、财产拥有量都拉开了差距。掌握新技能的年轻人从农村向城市流动,父母与子女分居的情况增多,大家庭解体,子女尽孝的程度越来越小。一些老年人由于留守家中耕作、照顾孙辈、操持家务,在社会和家庭中有可利用资源,代际关系能够维持。如果老年人不能承担家务,又百病缠身,便会被视为负担,甚至受到社会歧视,代际关系也处于紧张状态。留守老人的家庭地位和社会地位也随之下降。特别是文盲、半文盲的农村老年人在健康状况下降后,没有享受社会保障,有可能遭到子女的遗弃。没有接受老年教育的老年人往往不懂得维护自己的权益,当权益被侵犯后,不会利用法律的武器维权,有的甚至因生存困难而走上绝路。

社会变迁挑战着老年人的社会价值取向。在现代社会,老年人的社会价值受到了怀疑。老年人如何适应现代社会的发展?现代社会是否会牺牲老年人的利益?美国学者卡尔霍恩和帕姆佩尔利用大量数据表明,社会在现代化的高级阶段更加意识到老年人的地位下降。而第二次世界大战之后,通过公共教育、社会政策和新闻媒体,为老年人创造了更多的机会和更积极的形象。美国已开始利用广告、电视节目等手段,把老年人描绘成充满活力、积极和有参与能力的群体,许多地方政府鼓励雇佣老年工人,各大学也为老年学生敞开大门。① 老年教育会改变老年人的弱者地位,更长久地保持老年人的活力。

老年教育的社会价值取向是指让老年人融入现代化社会环境,结合老年人的优势,运用智慧和经验,转换原有的社会角色,获得新的家庭角色和社会角色,以新的代际交换方式,实现代际资源共享。在社会转型时期,代际差异是客观存在的。受市场竞争的影响,一些刚参加工作不久的年轻人

---

① 霍曼,基亚克.社会老年学:多学科展望[M].冯韵文,屠敏珠,译.北京:社会科学文献出版社,1992:49.

的经济收入大大超过工作数十年的已退休的长辈,高消费现象在年轻人中很普遍;而另一些年轻人在产业结构调整中下岗,要靠长辈的接济,家庭中因此出现赡养倒挂现象。按照传统的"养儿防老"模式,老年人将养老送终寄托在子女身上。儿女常常忙于工作,因而难尽孝道,或根本没有能力赡养父母,老年人便失去了家庭代际保障。因此,老年人只有利用自身的社会价值,学会在社会保障中求生存,积极参与营造社会支持代际保障的文化氛围,才能为增进家庭代际和谐与社会和谐发挥作用。

21世纪,人类进入了一个物质更为充裕的社会,除了生态环境恶化,水、电、油、土地等资源短缺对人类社会形成威胁。如山东有的农村地区流行"老年房",一改以往孩子成家后从老人家中分离出去、"另起炉灶"的传统,父母为儿子新婚准备新房,支付高额彩礼,而自己晚年只能住老房子。"啃老族"的影响似乎在社会蔓延。近年来不少老年父母在反省家庭危机时,感到还是自己的行为和价值取向出现了问题。他们认为父母吃苦耐劳、勤俭持家,只是为了让后代更富裕,生活得更好。父母的快乐感来自满足孩子无休无止的物质需求,为孩子提供保护伞。有的父母为了孩子甚至债台高筑,对孩子溺爱娇纵,陪读、陪练、陪考,事事包办代替,导致孩子丧失自理能力、缺乏奉献精神、贪图享乐、爱慕虚荣、缺少同情心和抗挫折能力。一些孩子遭受挫折后,便会采取极端方式报复他人、发泄不满。父母不仅要满足孩子合理的物质需求,更应重视对孩子的人格教育。

如果后代出了问题,长辈的责任是不可推卸的。从社会持续发展的角度来看,长辈要履行代际义务、代际责任,需要接受连续不断的教育。关心下一代,建立新的代际共赢的社会秩序,是老年人的社会价值所在。

(三)新的老年社会资本理念与社会价值取向

让老年人拥有社会资本,共享社会资源是老年教育的社会价值取向。什么是社会资本?许多学者都给出过定义。法国社会学家皮埃尔·布尔迪厄认为,社会资本是实际的或潜在的资源的集合体,这些资源与由相互默认或承认的关系所组成的持久网络有关,而且这些关系或多或少是制度化的。美国社会学家罗伯特·普特南将社会资本概念高度概括为普通公民的民间参与网络,以及体现在这种约定中的互惠和信任的规范。这些定义为我们理解社会资本提供了理论空间。关心公共事务,倡导公共精神,建立社会支持网络,构建和谐社会,均需要社会资本。因为社会资本是特定的社会资源,包括家庭、家族、亲戚朋友、社区共同体、单位、社团组织等共同构建的社会信任和支持关系网络力量。至于社会资本是特指非制度资源网络力量,还是指正式制度资源网络力量,或两者兼有,尚有不同意见,笔者认为,能够在社会支持网络中获得的社会资源,都应被视为社会资本。

1. 现代社会中老年人的社会资本和社会资源处于弱势

按照人们拥有的社会资本包括财富、地位和权力来划分社会等级,多数老年人都将被划入较低等级。在社会变革中,当依赖于家庭和单位的赡养资源转移到社会时,老年人从家庭和单位获得的赡养资源将减少;在社会保障制度不健全的情况下,他们可支配的收入资源也会减少。尤其是对应用数字信息和技术的生活感到陌生时,他们对生活的满意度会下降,会产生一种失落感。他们年轻时曾为社会做出过贡献,在年老体衰时不再被社会需要,加上经济条件制约他们的养老生活,不能满足他们的特殊需求,与其他代际群体的生活差距拉大,随之产生被抛弃感。

那么,什么是社会资源呢? 社会资源的概念较为广泛,包括满足人们需要的“机会”“能力”(可能性),以及“声望”或“荣誉”等。如:吉登斯认为,社会资源是使事情发生的能力(1981);科尔曼认为,社会资源是那些满足人们需要的东西,包括经济、政治、社会需要,以及相关需要的物品、非物品(如信息)和事件(如选举)(1990)。他将资源视为满足人们需要的东西。霍曼斯认为,社会互动和社会行为基本上被理解为物质性或非物质性财产的交换(1958)。他将资源视为一种财产。因此,社会资源是指在社会网络中所获得的财富、地位、权力以及那些与个人有直接或间接关系的人的社会关系。

退休后的老年人,经济收入下降。年老不再是权威的代名词,不少老年人被社会视为保守、固执、观念陈旧的群体,他们的社会地位降低,健康状况下降,对社会赡养资源的需求越来越大,需要他人给予生活照料。从传统封闭社会到现代开放社会,老年人的家庭地位也下降了。传统家庭的血缘关系、家庭背景、财产继承对个人成长的影响起主要作用,父母对子女的教育、职业、婚姻都有较大影响,子女的前途与父母的地位联系紧密。而在开放社会中,血缘关系固然很重要,但父母对子女的影响力已下降。子女在外求学、在外工作的机会更多,选择更多,子女与父母的关系也疏远了许多,老年人的家庭赡养资源在减少。

2. 教育让老年人获得更多的社会资本和社会资源

由于家庭资源减少,老人对社会资源的需求加大,因此必须改变社会资本远离老年人的状况,使老年人拥有新的社会资本。除社会政策的支持外,老年人自身素质是十分重要的。接受老年教育的老年人,都会拥有更多的社会资本,拥有代际交换的能力,能够展示他们的社会价值,这从一些调查数据中可以得到验证。上海市采取老年学员组与非老年学员组对比的方法,对7个区所属8个街道、镇共计3122人进行调查,选取对老年人生活质量影响较大的指标,如身体状况、文化生活、社会交往、家庭关系、邻里关系5个项目指标,对老年人的生活质量满意度以及参与社会发展的退休生活安排进行了分析,从中也可以看到老年教育对老年人社会价值的影响力。如文化生活方面:60～69岁学员组满意和较满意的占65.67%,而非学员组仅占44.04%;70～80岁学员组满意和较满意的占59.05%,非学员组仅占35.75%。其他4项指标的满意度,老年学员都比非学员有明显提高。通过进老年学校读书学习、旅游娱乐,进行体育锻炼,学习琴棋书画等教育活动,他们获得了更多的知识资源、健康资源,提高了生活质量。

3. 教育对老年人社会价值的影响力

老年人在接受老年教育后,积极参加家庭和社区活动,不仅提高了经济收入水平,而且在参与社会、服务社会中,充分体现了自身的社会价值。在引导老年人参与社会发展中,老年学校教育显示了独特的功能。如举办邓小平理论学习班,使基层老干部对改革开放政策加深了理解,使新老干部更加团结。通过老年心理学教学,学员们掌握了老年心理特征,组织老年朋友谈心,缓解了抑郁情绪等。学校开展了孙辈教育,使学员们懂得了青少年心理,学会了引导孙辈;开设了老年文艺、体育课程,组织学员们经常外出宣传、演出,带领广大老年人科学健身;开设了家政课,使学员们提高了烹饪技术和美化居室、环境的水平,家庭生活更美满。学员们学会了保健按摩,还义务地为社区老人服务,从而促进了社区安定团结。老年教育使老年人更能够适应社会发展需要,在积极参与社会发展的过程中获得更多的社会资源。如有的选择继续就业,从事有酬工作,增加自身的养老费用;有的选择加入社区服务志愿者队伍,参与广场文化建设,开展社区宣传、环境绿化工作;有的选择为家庭成员服务——买菜做饭,打扫卫生,乐在其中;有的编写抗日战争史、地方志,自编和出版文学作品等;有的参加丰富的社会政治、文化活动,如老年读书会、老年乐团、老年人网站俱乐部、投资理财咨询会等,发挥聪明才智,显示自身价值。拥有高智力资源的老年人,其社会价值更是不可忽视。中国老教授协会自 1985 年成立至今,已有 9 万多名会员,包括众多两院院士和许多人文社会科学方面的著名专家、学者。该协会是高级人才学习提高的民间培训基地,多学科、多行业、综合性的民间科技咨询开发研究中心,国家和地方建言献策的智囊团。该协会系统举办的民办高校有51 所,成立科技实体 25 个,承担科研项目 1000 多个。会员中获国家科技进步奖 5 人次,省、部级科技进步奖 400 多人次。

4.教育提供给智慧老年人的社会舞台很大

平日,老年人是家庭和社区活动的积极分子。而在社会突发事件中,不论是抗击非典和雪灾时,还是抗震救灾的关键时刻,都有老年人奋斗的身影。他们运用长期学习获得的智慧和经验,成功地攻破了一个又一个难关,充分体现了他们的社会价值和影响力。《中国老年报》发表署名姜恺的文章,以《退休专家临危受命》为题,报道了退休干部陈乐和的事迹。他年逾 70岁,是道桥专业教授级高工,原任成都市市政工程管理局总工办副主任。在汶川大地震发生以后,他不顾年事已高,于 5 月 13 日凌晨参加了成都市建委组织的对成都市所有桥梁进行震后安全排查工作。5 月 14 日下午,他又马不停蹄地奔赴都江堰市进行桥梁安全排查。4 天时间里,老人争分夺秒,和年轻同志并肩作战,直接参与排查 20 余座桥梁,竭尽全力参与抗震救灾。他用自己的行动给中青年做出榜样,产生了很好的社会影响。

三、老年教育的文化价值

老年教育在面向现代化、面向世界、面向未来中,包含着连接传统、现代和未来的文化价值。21 世纪是社会急剧变化的时代,传统文化与现代文化发生激烈碰撞、冲突,不断分化、交融、整合。未来新文化是超越历史与现实的文化,在浩瀚的古今中外文化中,去粗取精、去伪存真、去除糟粕、博采众家之长,实现古为今用、洋为中用,是中国老年教育的文化价值。

（一）老年教育的互喻文化价值

互喻文化是指代际互补文化,在老年教育中尤为重要。在社会发展进程中,历史文化价值与现代文化价值的冲突是不可避免的。历史上的农业社会是封闭的社会,生产力水平低下,习俗变化缓慢,形成文化的继承性,老年人居于传统文化的权威地位。传统理念崇尚绝对服从,甚至将陈规陋习、精神枷锁强加在公民身上,扼杀了公民的参与性和创造性,文化处于惰性状态。人们按照传统的行为准则、价值取向和律令法规来统摄自身的思维,传统文化保持相对的同一性和稳定性。现代工业社会是开放的社会,生产力水平提高,科技发展,现代理念崇尚改革创新,人们的思维方式、行为方式、生活方式和价值观念多样化,加上人们的年龄、经历、地位、文化、教育程度、性格、习惯、兴趣等方面的差异,文化价值取向也不同。

从文化结构的价值取向上,美国文化人类学家玛格丽特·米德提出"前喻文化""并喻文化""后喻文化"的概念。她指出:"前喻文化、并喻文化和后喻文化是我所区分的三种不同类型的文化,这一区分是人类所生活的历史阶段的真实反映。前喻文化,是指晚辈主要向长辈学习;并喻文化,是指晚辈和长辈的学习都发生在同辈人之间;而后喻文化,则是指长辈反过来向晚辈学习……"我们已进入历史上的一个全新时代,年轻一代在对神奇的未来的后喻型理解中获得了新的权威。传统农业社会以"前喻文化"为代表,由于小农经济社会的生产工具十分简陋,劳动主要靠体力而非智力,社会发展十分缓慢。一般来说,前辈过去所经历的事情在后辈中都会重复,因而最受尊敬的是年龄最大的祖辈。每一代长者都会毫无保留地将自己的生活经验传给年轻一代,不仅包括生产技能,还有是非理念。尊敬老人自然成了传统美德。这种文化的传递方式基本是年轻一代对老一代的生活的继承,代沟也很少产生。

"并喻文化"介于"前喻文化""后喻文化"之间。转型社会以"并喻文化"为代表,即晚辈和长辈的学习都发生在同辈人之间。并喻文化,是一种过渡性质的文化,又称"同代文化"。玛格丽特·米德列举了有关战争失败、移民运动、科学发展等诸多历史原因，正是这些原因使前喻文化崩溃，并喻文化诞生。在这一阶段，先前文化的中断，使年轻一代无法延续前辈所创立的行为楷模，他们将根据自己的经历摸索新的行为方式，并以走在行列前面的同伴作为自己仿效的楷模，这就产生了文化传递的另一种方式——并喻方式。玛格丽特·米德认为："在一切并喻文化中，长辈在某些方面仍然占据着统治地位，他们为晚辈的行为确立了应有的方式，界定了种种限制，年轻人相互间的学习是不能逾越这些行为的樊篱的。在许多社会中，人们接受新行为时获得长辈的赞许是十分重要的。也就是说，年轻人的行为改变最终并不取决于自己的同辈，而是取决于年长者的同意。但是，在并喻文化中，人们同时也怀有一共同的愿望，即每一世代的成员其行为都应以他们的同辈人为准，特别是以青春时期的伙伴们为准，他们的行为应该和自己的父母及祖父母的行为有所不同。个人如果能够成功地体现一种新的行为风范，那么他将会成为同代人的学习楷模。"

因此，在社会转型中，长辈失去传统农业社会的权威地位，老一辈的生活方式无法在后代延续，这样就会发生代际文化冲突。特别是从农村向城市迁移的家庭表现得更为突出，父母一般都想使子女尽快适应城市文化，接受迁居地的教育。孩子们接受新事物的能力强，迫使父母听取他们对城市文化的介绍，改变自己的生活习惯。年老一代要放弃自己熟悉的生活方式，接受新的生活方式，这意味着否定过去、否定自身。对老一代来讲，这是比较困难的，冲突也就在所难免。

现代工业社会以"后喻文化"为代表。"后喻文化"指长辈向晚辈学习，又称"未来文化""青年文化"。这种文化传递过程，是与传统社会文化传递过程反向，由年轻一代将知识文化传递给他们的长辈的过程。前喻文化、并喻文化向后喻文化的转变，代际文化的冲突成为时代的特征。玛格丽特·米德认为："现代世界的特征，就是接受代际之间的冲突，接受由于不断的技术化，每一代的生活经历都将与他们的上一代有所不同的信念。在解决两代人之间的对立与冲突方面，人们往往把代沟产生的原因仅仅归咎于年轻一代的'反叛'上，而这种反叛要归咎于老一代在新时代的落伍上。以往，尽管也有人强调两代人之间应该进行交流，但他们往往把建立这种交流当成恢复老一代对新一代教化的手段,真正的交流应该是一种对话。参与对话的双方其地位虽然是平等的,但这场对话中,虚心接受教益的应该是年长的一代。这种经历或许是惨痛的,但却是无法回避的现实。你若不想落伍于时代,就只能努力向年轻人学习,因为今天正是他们代表着未来。只有通过年轻一代的直接参与,利用他们广博而新颖的知识,我们才能够建立一个富于生命力的未来。"①

　　她的研究颠覆了传统社会的文化价值取向,认为占有文化权威地位的人从传统社会的老年人变为现代社会的年轻人,而这一变化是社会发展的必然趋势。其理由是"前喻文化"的特点是具有世代性,依赖于老年人对年轻人的各种教育,依赖于成年人能够以父母养育他们的方式去哺育他们的子女。他们以重复过去为使命,对变化缺乏认识,这种世代沿袭的文化价值取向往往视传统文化为权威文化,也称作长者文化、师者文化。老年人凭经验资本而受到敬重的权威文化,容易抑制年轻受教育者个性的发展和张扬,形成"积累者"和"继承者"多,而"发现者"和"创造者"少的教育结果。一味地追求传统经验,将导致社会的封闭与保守。

　　由于社会的变迁,传统文化在生活进程中发生断裂,不论是从社会群体现象,还是从个体社会化过程分析,都会产生不同代之间在思维方式、社会价值观念、行为取向的选择方面出现差异、隔阂及冲突的社会现象。玛格丽特·米德对代际文化隔阂和差异做了深刻的分析,指出:"整个世界处于一个前所未有的局面之中,年轻人和老年人——青少年和所有比他们年长的人——隔着一条深沟在互相望着。"老年人如何理解"代沟",如何填补"代沟",也是老年教育的文化价值所在。追寻时代潮流,把握时代脉搏,是各代人共同的愿望,因而"代沟"并非不可跨越的鸿沟。不同时代的人身上都刻有历史的印记,反映时代的缩影,显示时代的特征,留下了代际刻板印象,如长辈守旧、固执,晚辈时髦、任性、缺乏责任感,中年人忍辱负重。如果去除代际偏见,连接代际文化断裂面,加强代际文化沟通,就可以从时代的烙印

---

① 米德. 文化与承诺:一项有关代沟问题的研究[M]. 周晓虹,周怡,译. 石家庄:河北人民出版社,1987:163.

中看到代际的历史传承,以及各代人身上的闪光点。社会历史的发展要靠不同时代的人互学互补,整合代际功能,形成代际合力和接力,这样才能共创美好的未来。

(二)主流文化与非主流文化价值的冲突和融合

现代化建设进程中,许多传统的主流文化变成了非主流文化。中华民族优秀的传统文化是以孝文化为代表的,现代社会的孝文化却有被淡化的趋势,成为非主流文化。审视前孝文化,建立新孝文化,老年教育对弘扬民族传统文化具有特别重要的意义。孝文化诞生在传统乡土社会生产力低下时期,对中华民族生活方式的认同影响很深。乡土关系淳朴单一,长老文化,长老统治,尊老价值取向,有利于文化基因的延续遗传。传统文化中的"仁爱"孝亲思想,倡导养老为本,敬老为先,进而阐述治家治国的道理,正是几千年来养老育幼代际互动的伦理文化精华。

现代文化诞生在传统进化论的基础上,生物的多样性和复杂性必然使文化呈现出多样性和复杂性。现代文化是开放文化,经济全球化使各国的经济和文化都更为开放,市场经济体制加快了人口的流动和迁移,人与人之间的交往扩大。在社会转型时期,从计划经济向市场经济转轨,社会发展模式由单一向多种模式转化,人的生存价值方式从趋同向个性化转变,社会价值观正在由一元向多元发展。这些因素影响和改变着人们的生存意识,使得原主流伦理文化价值取向受到挑战,经济文化价值取向占了上风,各种不同价值观发生了激烈冲突,如"经济人"与"道德人"之争、利己主义与利他主义之争、理想主义与现实主义之争、经典文化与世俗文化之争。传统文化失去原来的主导和支配地位,原有结构体系和秩序被打破了。现代市场中的竞争、社会上的博弈,使人际关系复杂化。许多农村年轻人离开熟悉的乡土,进入陌生的都市社会。如果年老的父母随子女进城,熟悉的血缘亲属关系就会变淡。年轻人融入城市群体中,要面对工作人口的业缘关系和法律契约关系,利益多元使社会交往更为复杂。在市场竞争条件下,社会阶层的分化是难以避免的,出现了弱势群体与强势群体。生活在贫困群体与富裕群体的人们,在受教育水平、生活条件、医疗卫生健康状况、家庭情况以及工作能力等方面都存在较大差异,要面对各种压力,包括经济上的、心理上的。

代际文化的遗传断裂,以及文化冲突困扰着每一代人。由于各代人的利益存在冲突,所谓支撑传统社会代际关系的"前孝文化"被动摇了。追崇新潮文化,代际重心下移,代际利益分化,快节奏的生活方式使孝文化被淡化了,曾经的主流文化被边缘化了,而现代社会预立的"新孝文化"尚在萌芽中。当崇尚个人本位,以自我为中心,导致诚信缺失时,人们开始反思和怀念传统文明。"和为贵,善为本,礼为上,信为先"等理念影响了一代又一代人,儒家提倡"仁、义、礼、智、信",提倡公民之间关系的仁慈、正义、礼貌、智慧、守信,大家相互理解、支持和帮助,共同富裕、共同发展。因此,我们要吸收前孝文化的合理成分,整合代际关系,创建和谐社会,实现代际利益共赢,建立新孝文化,使之成为新的主流文化。

老年教育要坚持以传授主流文化为主,培养人的科学美和发展美意识,让老年人能够欣赏美、创造美。文化产业的快速发展,呈现世俗化倾向。如流行音乐、电视剧、小品、游戏题材等快餐式文化盛行;商品广告以创意文化方式促销,各式各样与市场经营相关的文化,如酒文化、茶文化、食文化、服饰文化、旅游文化,受到市场欢迎。一些商家以营利为目的的进行文化产业经营,改变了文化原有的高雅美、经典美、文明美形象。一些商家为追逐利润,甚至不惜生产趣味低级、伤风败俗之类的东西,造成精神污染。在文化价值的建构上,审美教育在老年生活中占据越来越重要的地位。文化美包括自然美、社会美和艺术美。对文化美的感受力、鉴赏力和创造力的提高,与生活质量的提高关系越来越密切。老年教育的文化价值取向要追求文化美,在文化市场上要善于识别真与假、善与恶、美与丑、先进文化与落后文化,实现时代的主流文化与各种非主流文化的统一,享受文化美对人的精神的升华、对心灵的净化。

(三)本土文化与外来文化的融合与冲突

现代社会中,受市场竞争机制的激励,人口流动和迁移加剧,出现了规模浩大的移民潮:从本土向外乡移民,从乡村向城市移民,从国内向国外移民。目前不仅是劳动年龄人口迁移,家庭的组合已跨越了本乡本土,同时,老年人也在选择养老的迁居地。即使在本土区域中,也出现外地人,有国外的,有港澳台地区的,有其他省份的。这些不同文化背景的人融汇在一起,带来各种新鲜的文化气息,激发本地文化的活力。各地举办的国际艺术节、国际电影节、国际服装文化节,特别是奥运会的筹办,增添了文化的多样性。在日常生活中,本土文化与外来文化会发生碰撞,老年人的感受最为深刻。过去祖祖辈辈都是本乡本土的人联姻,现在出现了国际家庭,出现了外国女婿或媳妇,孙子、孙女讲的是多国语言。当不同文化背景的人们生活在一起时,各自的民族感情都要相互尊重。

本土文化与外来文化的冲突和融合,多是东西方文化间的明显差异,或是地域文化的差异带来的,主要反映了传统文化与现代文化的差异。老年教育的文化价值取向不是以东方文化排斥西方文化,也不是靠传统文化排斥现代文化,而是扬弃以往文化,借鉴和吸收各种优秀文化。一般认为,古老的东方传统文明崇尚集体道德文明,而西方文明崇尚个人物质文明,各有所长。实际上,集体与个人、精神与物质,不可能截然分开,应取其精华、去其糟粕,兼容并蓄,创造新的文化价值。

农村文化与城市文化的冲突与融合,是现代化进程中的大问题。人口迁移发生了历史性变化,大批农村人口向城市迁移。到2030年,城市人口将有望达到50亿人,占世界人口总数的60%。我国的城市人口正以每年1800万的速度增长,预计到2030年,我国城市居民总数超过10亿。而值得关注的是,未来城市新增的人口中大部分会是被城市发展边缘化的穷人,其中包括老年人。在发展中国家,由于不少老年人缺乏经济基础和社会支持体系,多数农村老人没有享受社会保障,受到贫困、疾病的困扰,与城市人口仍保持着较大的差距。

人口抽样调查数据显示,农村老年人所承担的家庭责任很重,他们既要种地,又要带孙子孙女,全国留守儿童大部分是老年人带的,而这些孩子的成长关系着国家的未来。因此,不管是已迁移到城市生活的老年人,还是仍继续生活在农村的老年人,都面临城市文化和乡村文化融合的问题。在建立和完善社会保障体系时,应帮助老年人尽可能长期保持生活的独立性和自主性,不能忽视对老年人文化教育生活的关注。

实现传统与创新的平衡,是现代文化追求的目标。各种文化互动,不再局限于本地本土,学习和借鉴他乡文化,互学互补,取长补短,已是共识。虽然各国文化价值取向有较大差异,但大家共同寻求经济的富有与精神的充实,东西方文化在许多领域相互交融、渗透。西方的先进管理经验、崇尚个性的文化价值观影响着东方人,而东方的"仁孝""和谐"思想也在影响着西方社会。老年教育的文化价值取向是从文化的多样性中欣赏、创造更为成熟的现代文化。

在文化的多样性中,对传统文化与现代文化、本土文化与外来文化进行比较,对积极进取与消极退避、持之以恒与因循守旧、知足常乐与忍气吞声、开拓创新与安于现状等文化价值的双重性进行比较,在老年教育中揭示实然与应然,提升老年人的"真、善、美"素质,塑造新一代老年人的人格美形象,赢得社会的敬重,成为老年教育的文化价值取向。

第四节　老年教育的目标

一、老年教育是养老教育

(一)老年教育的目的是养老教育

养老需要教育,教育为了养老,老年人参与教育的首要目的是能够更好地养老。老是生理发展的必然,老年人为社会、为家庭奉献了整个职业生涯,从岗位上退休之后,从某种意义上说,一定程度上疏离了与社会和他人之间的联系。作为一种天生的社会性动物,老年人突然失去生活目标,有的会变得虚弱、沮丧、不安。这个时候,以获得感、幸福感为目标的老年教育,应及时地介入,吸引老年人积极参加老年大学、老年学校的学习,帮助他们认识老年生活的意义,设定养老目标,使他们真正过上"老有所养、老有所教、老有所学、老有所乐、老有所为"的养老生活。

(二)老年教育的核心是"助老"教育

树立积极的助老观念,通过老年教育为老年人提供参与经济社会的机会。我国81.7%的老年人生活完全可以自理,通常他们无须被养,只是在生活遇到困难时需要帮助。55%的老年人正在提供一项或以上的家庭照护,他们不是单纯的被赡养者,而是社会和家庭的继续贡献者。一些老人因离开工作岗位,社会角色转变太快而适应不了急速变化后的环境,在精神上缺乏应急应变的准备,需要相关单位、家庭以及社会组织提供可以使老年人适应角色转换、实现成功老龄化的平台来进行缓冲。老年教育机构正是这个平台的合适担当者,老年教育的这种"教育助老"定位符合国家积极应对人口老龄化的核心价值观,体现了"老年人是社会的宝贵财富而不是包袱""生命在于运动的活力老龄"的核心理念。同时,"教育助老"是联合国与世界卫生组织倡导的积极老龄化、健康老龄化、活力老龄化在中国的本土化,需要政府、社会、市场、家庭和个人的共同努力。老年教育机构端口前移、主动介入、主动作为,从成功老龄化的角度设计出一整套适应短期培训的教学内容,组织即将退休和已经退休的老人参加退休适应性培训,缓解老年人"职后综合征",这实际上是一种"助老"教育。

变传统消极的养老观念为现代积极的助老观念,"助老教育"体现的是社会和家庭对老年人的积极态度。助老教育的主要对象是那些身体健康、生活能够自理或基本自理的老人。从成功老龄化的角度来看,"助老"教育须更多关注老年人的超越需求。这种需求是指老年人希望更深入地了解生命的意义,并超越生理的限制。虽然各年龄段的人都有超越的需求,但老年人的这种需求更为强烈,因为退休后社交活动的减少,使他们更趋向内省式的思考。

(三)老年教育的实质是文化养老教育

文化养老,是一种体现传统文化与当代人文关怀的养老方式。它是以老年人的物质生活需求得到保障为前提,以满足精神需求为基础,以沟通情感、交流思想、拥有健康身心为基本内容,以张扬个性、崇尚独立、享受快乐、愉悦精神为目的的养老方式。全社会应当通过推行三个层级需求的文化养老举措以及探索文化养老的体制机制,实现积极养老,主动应对人口老龄化的挑战。

按照马斯洛的需求层次理论,老年人具有自我提升欲望和潜能,具有文化养老的强烈意识。他们的文化养老需求主要体现在取悦自我的需求、社会交往的需求和创造价值的需求。这三个层次的需求,按个人发展、融入社会、产生影响的顺序逐渐上升,对老年人自身和外部环境都有更高的要求。

离退休工作部门必须创造良好环境和优越条件,实现老年人文化养老的不同层次需求。精神生活环境具有引导、协调等特点,对环境的文化建设要有统筹考虑和顶层设计,它以一定的环境文化体系作为指导,明确建设的定位和主题。

离开工作岗位的老年人,其精神生活环境多以养老需求为核心,物质环境设施提供物质保障,精神文化环境则隐形地对老年人积极养老进行教育和引导。老年教育在此所扮演的角色在于:提供一些有智慧的对人生意义的看法、诠释不同年龄不同文化的生命意义、提供和谐支持性回归环境、促进精神的活动以取代生理的限制。这些是老年人更好地实现人生追求的重要途径,也是老年人满足精神文化需求的内在要求。老年教育要营造尊老、助老的良好氛围,教会老人如何养老,教育个体如何实现成功老龄化,包括适应逐渐退出的社会角色、维持体能上的相对健康、建立新的生活方式、调整对待现实环境的态度、在日常生活中实现相对主观的满足,等等。

二、老年教育是全民教育

早期的老年教育对象主要针对离退休老干部,参与面比较狭窄。随着社会经济的不断发展,作为终身教育的最后一个阶段的老年教育不可能一直止步不前。扩大老年教育覆盖面,把老年教育办成全民共建、共参、共享的教育,有利于推进教育公平。党的十九大报告提出"全面建成小康社会"宏伟目标,并提出"加快建设学习型社会,大力提高国民素质"。可以说,全面建成小康社会的过程,是推动社会和人全面发展的过程,也是促进全民学习、终身学习的过程,其中就包括推动老年人的全面发展和促进老年教育的全面发展。

老龄化社会的加速发展更应该保障老年人的学习权益,提倡有能力、有需求的老年人都可以参与老年教育。

从社会全面进步的维度来看,老年教育是建设全民学习、终身学习的学习型社会不可或缺的组成部分。党的十六大、十七大、十八大、十九大报告连续指出,要建设全民学习、终身学习的学习型社会。这是借鉴世界优秀理论成果,引领国家发展方向和战略的重要内容之一。建设学习型社会就是克服以物为本的社会发展理念,树立以人为本的发展理念。学习与教育是当今世界发展的动力。老年教育是终身教育的最后阶段,是学习型社会的有机部分,没有老年人参与,终身教育就不"终",全民学习就不"全",人的全面发展中的"人"就不能大写。

三、老年教育是健康休闲教育

自我完善理论从老年健康角度强调老年教育"以人为本"的教育原则和发展目标。人步入老年之后,往往不再作为创造社会价值的主体被人关注,多数地区的老年教育主要发挥"老有所乐"的作用,开设的课程多为文化、艺术、休闲、娱乐或保健型课程。这些课程和活动对满足老年人的兴趣爱好、陶冶情操、提升素质,对老有所乐、提升生活质量和幸福指数发挥了十分重要的作用。提倡老有所学、老有所乐的思想观念,可以帮助老年人做到生活品质、生命价值不落伍。通过介入老年教育这一转化行动,可以使老人们聚在一起,摒弃孤立感,唤醒集体感,不断调适自己的心理状态,做自己情绪的主人;可以使老人们更理性地处理社会生活中的矛盾,积极投入社区活动,为家庭、社区的和谐发展做出贡献。

"健康快乐"是老年教育的核心理念之一。老年学员的学习并不具有功利的目的,他们来老年大学学习,本身就是为了充实自己的精神生活。因此,教学过程必须当作高质量的精神享受来安排。可以说,教学过程是过程,又是目的本身。这种精神享受,一靠所学内容的知识性,二靠讲授方法的趣味性,三靠过程安排的从容性。这是一种为活动而活动、为参与而参与的需求。老年教育的价值定位是对受教育的老年人"有用",这种"有用"性体现在通过老年教育使老年人享受学习过程、接受知识滋补、充实精神世界,从而提高生命质量和生活质量,逐步实现自我完善。有些老年人从活动本身获得内在的回馈,在活动中获得满足。例如,一些老人年轻时因工作忙或没有条件而不得不放弃自己的兴趣爱好,退休后产生了重拾旧有爱好的需求,老年教育学校针对这种需求开设了书法、绘画、音乐、舞蹈、戏剧等课程,并开展相应的活动,给学员提供表现的平台。

四、老年教育是参与适应教育

刚刚离开工作岗位的很多老年人,仍然把生活目标放在原有的事业上,短时期内未能找到新的生活目标和追求,自我定位不明确,往往会有一种跳脱社会的孤立感或是被剥夺正常生活的感觉。自我认知不清会令老年人变得失措、无助,有些老年人甚至因为退休、没有工作和收入大幅减少产生自卑心态,强烈地意识到自身的"衰老""无用""无能"。这些变化会对老年人的生理和心理产生极大的冲击,导致老年人自我价值和成就感越来越低,容易出现社会角色失调的情况。

随着老龄人口的剧增,劳动力的自然减少,老年教育开始更加重视社会参与和再社会化。老年人参与社会不仅可以为经济社会发展做出贡献,而且可以提高他们对生活的满意度。世界卫生组织对老年人参与提出三个面向——就业、志愿服务和照顾工作,主张通过不同形式的参与活动,维持老年人与社会的互动,进而提高晚年生活品质。老年人参加老年大学或老年学校的学习,通过老年学习进而参与志愿服务或实现代际传承等活动就是重塑人的社会性的途径。社会学家柯克·帕特里克塞尔在其著作《人类尺度》中指出:在社区层面下行动,"这带来一种新的尺度,人们可以在某种程度上感受到生活模式的控制,个体可以成为邻居、情人而不仅仅是熟人或路人,人们能够成为参与者和主角而不是选民和纳税者,这个尺度就是人类尺度"。接受老年教育,就意味着老年人介入了转化行动,进入了社区活动层面。从社区尺度上看,每个老年人的一举一动都与社会和他人,与身边的江河湖海、青山绿树息息相关。老年大学、老年学校具有一定规模,其规模的道德属性使学习中的老年人产生归属感和荣誉感,使他们根据各学习集体的具体情况,关注许多现实问题。

社会参与理论从人与社会共同发展的角度强调老年人是社会的一员,社会参与是实现老年人自身发展的根本途径。老年人能否调整好自己的心态,安度晚年,与社会参与密切相关。老年人可以通过参与老年教育来继续社会化,以新的姿态适应新的环境。老年人在退休之后,以感情、兴趣、爱好相投为基础参与老年教育,比如参与各类老年学校和社区老年组织的老年交谊舞蹈队、戏曲票友活动组织、老年合唱团(小组)、空竹活动组织等,这些群体里会形成一些特定的关系结构和默契达成的行为准则。老年人通过相关的学习和活动,能够不断进行社会角色调适,弥补退休造成的角色中断,重新建构自己的社会网络和社会资本。

五、老年教育是潜能开发教育

积极老龄化的新理念强调老年人是社会发展的推动者,主张积极利用老年人力资源。积极老龄化新视角凸显了老年人发展需求的重要性,为应对老龄化提供了新的思路。联合国第二届老龄问题世界大会通过的《政治宣言》提出,"老年人的潜力是未来发展的强有力的基础"。老年人仍是宝贵的人力资源,是一个资源富矿。"老有所为"已成为当今老年人,特别是中低龄老年人的新常态。据有关方面统计,2021 年我国居民的平均寿命已达78.2 岁。老年人"老有所为"的作用发挥得还不够,加强老年教育,使老年人提高应用技能以及开发潜在的能力势在必行。因此,老年教育学校应该紧密结合市场需求和老年人自身需要,积极开设一些职业技能课程和智力开发型的课程,为老年人提供新知识、新技能,使老年人始终保持与时俱进的认知能力和创新能力,积极参与社会建设和社会活动,促进老年人的后职业发展,促进更多的老年人老有所为。

老年人是社会宝贵的财富。老年人有丰富的人生阅历和经验,有毕生积累的知识、技术和技能,沉淀了对人生价值和社会发展的真知灼见,他们的人生价值并不因为年老而丧失。只要有条件,他们的人生价值就会转化为有用的社会价值。开发老年人的价值本质上就是开发老年人力资源和人力资本,就是通过社会和家庭的帮助把这些财富充分开发和调动起来,创造条件、提供渠道、打造平台,促使老年人发挥积极作用,提高他们参与社会的能力,这是做好助老服务工作的关键。在未富先老、未备先老的时代背景下,我们必须深刻地认识到老年人的潜力是未来发展的强有力的基础。劳动经济学指出,有劳动能力的老年人仍然是劳动力和劳动资源,仍然是经济活动人口。因此,应当从老龄化社会劳动力资源不足和老年人赡养比上升的问题出发,从理论和实践的结合角度论证并确认老年人不仅是家庭、社会和国家的宝贵财富,而且是社会发展的重要资源,把鼓励老年人参与发展提高到事关老龄化社会解决老龄问题和实现可持续发展的高度。

第二章　老年教育的体制机制与理论基础

　　老年教育的管理体制与运行机制是决定老年教育持续有效发展的一个核心要素,不同的教育管理体制决定了老年教育的管理理念、管理制度和职能划分。当前,我国已初步形成了由教育、组织、民政、文化、老龄等多部门共同推进老年教育发展的管理体制格局。但老年教育管理体制尚面临诸多问题,阻碍了老年教育的可持续发展,并在一定程度上影响终身教育体系的建设。因此,反思老年教育管理体制的问题并提出相应的对策,具有重要的理论和现实意义。

第一节　老年教育的体制机制

一、老年教育管理体制的内涵

(一)管理体制

　　从行政学和管理学的意义上讲,体制是关于国家机关、企事业单位等组织中的机构设置、隶属关系、权限划分等方面的体系和制度的总称。如在国家管理体系中有国家体制、领导体制、政治体制、经济体制。教育体制是教育机构与教育规范的结合体或统一体。它是由教育机构体系和教育规范体系组成的。教育管理体制则由教育行政体制和学校管理体制组成。

(二)教育管理体制

　　教育管理的根本性问题之一是教育管理体制。它是一个国家的社会历史文化传统、经济社会体制、政治方针政策等各种因素在教育领域的体现。从深层意义上来讲,教育管理体制决定了一个国家的基本教育的格局、体制、组织、体系,长远来看将影响一个国家的深层文化水平、社会素质水平以及未来的发展基础。

学者张祥明在《教育管理学》中指出,"教育管理体制即是教育领域中机构的设置、隶属关系以及权限划分等方面的制度"。其问题的核心是中央政府和地方政府、教育管理部门和学校在教育事权方面的权限划分。也有学者直接用"教育行政体制"来替代"教育管理体制"。因此,教育管理体制主要是指国家特意为受教育人接受合适教育而设立、组织、建构的相关机构,也是国家教育管理体制的一个重要组成部分。受国家体制、政治理念以及社会文化的影响,目前教育管理体制主要分为三大类:一是中央集权制,二是地方分权制,三是中央与地方合作制。

(三)老年教育管理体制

2021年修订的《中华人民共和国教育法》规定:"国务院教育行政部门主管全国教育工作,统筹规划、协调管理全国的教育事业。县级以上地方各级人民政府教育行政部门主管本行政区域内的教育工作。县级以上各级人民政府其他有关部门在各自的职责范围内,负责有关的教育工作。"在此法案中,老年教育并未被排除在外。因此,从宏观层面来看,老年教育管理体制同属于国家统一领导下的分级管理制度,地方政府及地方教育主管部门对老年教育负有统筹、指导、协调、发展的职责和权限。但从现实的社会历史背景来看,老年教育发展与我国早期教育体制存在极大差别。虽然老年教育管理体制整体上属于统一领导下的分级管理制度,但在实际操作中,老年教育缺乏完整的行政管理系统。想要厘清其管理现状,我们就必须清楚它的历史沿革。

二、老年教育管理模式分析

老年教育既是时代发展的产物,也是社会进步的体现。从它发展演变的过程来看,其产生的特殊背景、特定对象和历史条件,注定了老年教育存在着多层体制和多种模式并存的格局。

(一)教育部门管理模式

我国首部老年教育发展规划——《老年教育发展规划(2016—2020年)》指出:老年教育是我国教育事业和老龄事业的重要组成部分,要"建立健全党委领导、政府统筹,教育、组织、民政、文化、老龄部门密切配合,其他相关部门共同参与的老年教育管理体制"。教育部门被放在各相关部门之首。在出台的一系列政策、法规、规划纲要中我们可以看到,国家层面将老年教育归口教育部门的倾向性越来越明显。

1. 教育部门管理模式的优势

老年教育由教育部门统筹管理,其优势主要有以下几个。

(1)可以充分整合教育资源,建立完善老年教育网络。如上海市在教委牵头下,依托现有教育资源为各级老年教育提供师资、教材、办学场地、教学指导、理论研究等便利,建立市、区(县)、乡镇(街道)、居(村)委四级网络办学体系,乡镇、街道老年学校增长迅速。上海师范大学被上海市教委委托建立承办上海市师资培训中心,负责上海各级各类师资培养。在老年教育归口教育部门之后,上海市老年教育师资培训中心便建立在上海师范大学老年大学。

(2)由教育部门主管老年教育工作,便于为老年教育争取经费投入,从而优化老年教育办学条件,推动老年教育事业的科学发展。例如,从 2003 年起,上海市就将老年教育经费纳入部门预算,并建立"分级负责"的投入机制,完善的经费保障体系推动了上海老年教育的发展。

(3)由教育部门主管老年教育工作也有利于构建终身教育体系和学习型社会。学前教育、基础教育、高等教育、职业教育、特殊教育、民族教育、成人教育(继续教育)都是终身教育的重要组成部分,而老年教育则是终身教育的最后环节,是构建学习型社会不可忽视的一部分。部分省出台的老年教育发展规划也明确要求教育部门负责日常统筹协调,组织、民政、文化、老龄等部门共同参与,组织开展全省老年教育工作,形成"一方牵头、各方参与、分工负责、协同推进"的老年教育管理体制。

2. 存在的困难和问题

(1)当前,由教育部门主管老年教育的省(区、市)、地区占比并不很高。这可能是因为各地教育部门的任务很重,面广量大,各类教育都要考虑,所以在实际工作中往往难以顾及新兴的老年教育。同时各级教育部门对老年教育的认识还不太到位,重视程度总体上还不足。即使少数由教育部门主管的地方,也存在还未真正有效地将老年教育列入议事日程的现象,行使职责往往局限于对教学的局部管理,未能统筹管理。

（2）教育部门并非涉老部门，故对老年群体的诉求了解掌握得不太够。老龄委及老干部局作为涉老部门，不仅具有足够的精力"专攻"老年教育，而且对老年人学习的需求及特殊性了解得更为深入。在这一点上，教育部门略显不足。

（3）尽管教育经费较有保障，但由于老年教育办学主体的多元化及体制等因素，众多非教育部门主办的老年大学或老年学校要想从财政性教育经费中"分一杯羹"也非易事。

（二）组织部及老干部局管理模式

我国当前的老年教育，大多数由组织部及老干部局管理。多年来，这一模式积累了丰富的办学经验，但在发展中也存在瓶颈和困难。

1. 组织部及老干部局管理模式的优势

（1）由组织部及老干部局主要领导分管地区老年教育，能够在认识层面上给予足够重视。由于我国的老年教育办学主要依靠党政主导，相关部门对老年教育的重视程度很大程度上影响了当地老年教育的发展。组织部是党委重要部门，在组织部及老干部局领导主管老年教育的情况下，相关部门领导对老年教育也给予了足够重视，进而推进了老年教育的发展。另外，在组织部及老干部局的支持下，老年教育资源可以得到足够保障。在老年教育体制机制的运行中，政策、经费、校舍、师资等资源都属于"保障范畴"，这对老年教育的发展既有保障功能又有激励功能。在由党委组织部及老干部局主管老年教育的情况下，相关政策的权威性得到了保证。不仅如此，在顶层设计不明朗的情况下，党委组织部及老干部局的支持还为老年教育的创办及发展提供了很多帮助。

（2）这两个部门对老干部的管理、服务工作有相应的阵地依托和"三定"方案的职责，在老年大学的单位性质、工作职能以及人员编制的确定等方面有着较大的优势。

2. 存在的困难和问题

（1）党委组织部门和老干部部门管理服务对象特殊，履行职能有限。其管理服务对象主要是离退休干部，对一般社会老人并不承担管理服务的职能。在全国各地普遍进入老龄化社会的背景下，上述部门将难以承担把老年教育普及到社会老人，以及组织开展社区、乡村等基层老年教育等工作。

（2）老年大学协会只是民间组织，不具备行政职能。随着老年教育办学主体的日益多元化，各级各类老年大学的数量不断增多。但是如上文所说，组织部及老干部局由于职能限制并不能实现对当地各级各类老年教育机构的具体协调与统筹。虽然不少地区将老年大学协会（老年教育协会）作为中介组织，具体管理本地区的老年教育工作，但是从组织性质上来说，老年大学协会（老年教育协会）属于社会团体组织，并非行政机关，因此不具有行政管理职能，对各级各类老年学校仅负责业务上的指导与联络。老年学校及基层老年教学单位对其意见及建议并不承担强制性履行义务。

（3）老年教育说到底是教育的一种类型，在实践中必然涉及场所、教师、课程、教材等诸多教育资源的配备问题。但在组织部及老干部局领导管理模式下，教育部门作为地区老年教育发展的配合部门之一，实际上处于边缘位置，是否发挥作用取决于领导管理部门的倾向。这对教育部门统筹教育资源，合力发展老年教育带来一系列困难。

（三）卫健部门及老龄委管理模式

1. 卫健部门及老龄委的优势

（1）从服务对象来说，卫健部门及老龄委是专门解决老龄化问题的部门，其服务对象是全体老年人，对老年人的情况掌握得较为全面，对老年人的需求也较为了解。如果从这一维度分析，卫健部门及老龄委领导管理老年教育相较于前文所述两种模式更有优势。教育部门的业务内容包括学前教育、基础教育、高等教育、职业教育、成人教育等多个方面，易忽视老年教育。在顶层设计不明朗的情况下，老年教育想要在人力、财力等各方面取得教育部门的支持，更大程度上依靠个别主要领导的重视，而这并不是成熟体制的表现。老干部部门虽然贴近老年人生活，但其服务对象主要是离退休干部，无法从广度上涵盖所有老年人，违背了教育现代化的首要原则——教育公平原则。

（2）卫健部门及老龄部门长期以来形成了一套完整的工作机制。在老龄部门主管地区老年教育的情况下，这套体制、机制可以保证老年学校的运行，尤其是确保基层老年教育的发展。如通过各级老年活动中心、老年协会等机构或团体对县级以下基层单位进行指导、协调，对于普及基层老年教育，推动其发展具有一定优势。事实上，不少地方县级以下的老年教育基本上由老龄工作部门在管理或参与管理。

（3）卫健部门及老龄委对老年教育的管理是具有法律保障的。《"十四五"国家老龄事业发展和养老服务体系规划》等重要文件提出加快发展城乡社区老年教育，支持各类有条件的学校举办老年大学（学校）、参与老年教育。国家老龄工作部门始终对老年教育工作十分关心，将老年教育列入发展规划纲要，为基层实施老年教育提供法律保障。各级卫健部门及老龄部门负责落实该地区老龄事业发展规划及《中华人民共和国老年人权益保障法》所规定的支持发展老年教育等事宜。

2.存在的困难及问题

（1）卫健部门虽具有行政职能，但工作千头万绪，许多具体事务实际上是交给老龄工作部门来做的。但是老龄部门只是一种议事、协调机构，难以对老年学校教育进行系统和经常的行政管理，管理的力度明显不够。而且老龄部门本身不具备行政管理职能，不能具体解决老年教育存在的资金、场地、教学设备等各方面的困难及问题，而必须向其挂靠的政府行政部门汇报，申请解决问题。

（2）卫健部门及老龄部门对老年教育资源的配置情况不容乐观。卫健部门及老龄部门只能提供一定的资金和资源，解决相应老年学校的一些物质及教学设备问题，而对人力资源及信息资源几乎不涉及。另外，卫健部门及老龄委领导体制下的老年学校难以解决编制问题，办学人员不固定。

（3）与党委组织部门和老干部工作部门一样，卫健部门及老龄部门虽属涉老单位，但在老年教育方面缺乏针对性和专业性，难以像教育部门那样统筹各方面教育资源，从教育的角度对师资培养、教材研究、理论研究、教学指导等做出具体规定。

第二节　老年教育的理论基础

我们从传统的教育中很难找到关于老年教育的定位，因为老年教育是老年学和教育学相结合的一门交叉学科。老年教育是一个既具有理论意义又具有现实价值的问题，那么我们应该如何理解老年教育？下面我们从哲学、心理学与社会学三个维度阐述老年教育的理论基础。

一、老年教育的哲学基础

美国著名哲学家约翰·杜威曾说，哲学是教育的普通原理，教育是哲学的实验室。我们对老年教育的理解离不开对其哲学基础的考察。老年教育就其内容和形式来说，无疑依赖于人们的哲学观念。换言之，人们秉持的世界观、人生观、价值观是理解与创办老年教育机构的理论前提。据此，我们从哲学原理出发，探寻老年教育的理论依据。

（一）人的本质对老年教育的导向

1. 人性假设

人性假设的相关理论有助于我们理解老年教育的意义、目标、功能等一系列问题。西方管理学家埃德加·H.沙因曾提出四种人性假设，即经济人假设、社会人假设、自我实现人假设、复杂人假设。虽然我们可以提出多种类型的人性假设，但是这些假设离不开我们对人性的基本理解。具体而言，人性既具有自然性又具有社会性。

自然性构成了我们理解教育的一个前提。同时，人经过后天的教育，能够生长出第二天性，扬弃自然性，获得自由性。这样，人如何在自己的自然性中生长出自由性就构成了教育的一个主题。"教育学是使人们合乎伦理的一种艺术。它把人看作是自然的，它向他指出再生的道路，使他的原来天性转变为另一种天性，即精神的天性，也就是使这种精神的东西成为他的习惯。"①教

---

① 黑格尔.法哲学原理:或自然法和国家学纲要[M].范扬,张企泰,译.北京:商务印书馆,1982:170-171.

育的目的在于解放人,使人获得自由。教育不只是传授知识,关键是塑造人格。在教育过程中,人们能更好地完善自己的道德人格和养成良好的行为习惯。教育应该合乎人性,以人的自然本性为基础。同时,教育使人摆脱内在自然本能、欲望的驱动,获得自由。

人性不但具有自然性,而且具有社会性。社会性是我们理解人性的又一个关键概念。马克思曾说,"人的本质不是单个人所固有的抽象物,在其现实性上,它是一切社会关系的总和"①。人的本质不是先天形成的,也不是后天完全主观自生的,而是由现实社会关系总和决定的。人的本质存在于变化的、具体的、历史的、可感知的社会交往关系中。关注人的社会性意味着,一方面,教育中的个体之间的关系(自我与他人的关系)具有本源性、内在性,"个体在自身世界中与他人发生关系,形成一种整体,只有正确反映这一整体性,才能正确谈论自身的根本经验"②;另一方面,教育不但促进个体的完善,而且促进社会的发展。教育倡导人们追求自由,但自由不是个别人、单个人的自由。虽然人的自由的实现总是具体的、现实的、有内容的,但是现实的人的自由恰恰是社会自由的具体存在。

我们如何理解人性意味着我们可能以何种方式认识老年教育。老年教育有它要实现的具体目的、目标,这些目的、目标因教育的对象、类别甚至教育的外在条件等诸多因素而存在差异。但是,老年教育理念应该指向人的自由精神与理想人格的实现。

2. 以人为本

"以人为本"包含着人是目的,人是发展的主体和根本动力的含义。康德说:"你的行动,要把你自己人身中的人性,和其他人身中的人性,在任何时候都同样看作是目的,永远不能只看作是手段。"③人是目的而不是手段,教育最终的目的是人。"以人为本"对老年教育发展具有根本性的意义。

---

① 中共中央马克思恩格斯列宁斯大林著作编译局. 马克思恩格斯选集:第 1 卷[M].2 版. 北京:人民出版社,1995:60.

② 莱恩. 分裂的自我:对健全与疯狂的生存论研究[M]. 林和生,侯东民,译. 贵阳:贵州人民出版社,1994:6.

③ 康德. 道德形而上学原理[M]. 苗力田,译. 上海:上海人民出版社,2005:48.

首先,必须坚持"人是目的",这是老年教育的出发点和落脚点。发展老年教育虽然可以推动社会经济、科技以及其他产业的发展,但其目的应该在于解决老年人问题,促进老年人的发展。

其次,老年教育应该体现"人是主体"的观念。老年人不仅是教育的客体,更是教育的主体。老年人是老年教育的主体,这意味着老年教育应该充分发挥老年人的主体性、自觉性、积极性、创造性,在教育管理、活动策划、课程设置等方面发挥老年人的主体作用。同时,老年教育必须尊重老年人作为主体的需要。人口老龄化社会要求老年教育不仅要解决老年人生存的需求,还要为满足老年人的高层次发展需求创造条件。老年人的需要至少包含老有所依、老有所养、老有所乐、老有所学、老有所教、老有所为六个方面的内容。因此,老年教育不仅应该满足老年人的生存需要,还要让老年人在退休之后参加社会活动、参与社会建设等,尽可能地使他们的创造力得到发展,使他们的潜力得到发挥。

同时,发展老年教育应反映"人是过程"的观念。整个世界是一个过程的集合,人的生命亦如此。"人是过程"的思想一方面要求我们认识到老年教育是人的终身教育的最后阶段和完成阶段;另一方面要求社会和老年人都能正确看待人的衰老与死亡问题。老年教育不是暂时缓解社会老龄化的手段,也不是满足老年人暂时性的需要,而是要为老年人终身的生存和发展服务。老年教育贯穿老年人生命的全过程,促进老年人的自我实现。老年教育应该在全社会适度地普及与老年学相关的知识,消除排斥、嫌弃、歧视老年人的态度。老年教育还应该积极推动社会对老年教育的关注,构建一个尊重、关爱老年人的和谐社会。

3. 人的全面发展

老年教育应该让老年人自由而全面地发展,使老年人的潜能得以开发、素质得以整体提升。关于人的全面发展问题,马克思和恩格斯曾经展开过具体论述。在《德意志意识形态》一书中,他们认为人的全面发展就是全面发展人的才能和能力(其中包括思维能力)。马克思和恩格斯主要从历史的角度谈论人的全面发展问题,指出人的全面发展一方面指个体的人的全面发展,另一方面指"现实的"人的发展,也就是现实的生产关系中的人的发展。对老年教育而言,该思考启示我们不但要关注老年人的现实生活环境,更要关注老年教育是否已经成为一个时代问题。

从历史发展角度来看,老年教育的内容具有时代性。老年人应该没有身份、地位、国别、区域、种族的差异,平等地享有接受老年教育的机会。人们应该认识到每一个老年人都有全面发展自己的权利,也具有全面发展自己的能力。同时,我们也应该注重老年教育发展的历史性,尊重并回应时代问题对老年教育提出的挑战。普及老年教育的同时,也要尊重不同国家、地区之间的老年教育的差异性、特殊性。

从老年教育自身发展来看,它应该体现教育的价值精神。老年教育要引导老年人学习新知识、保持求知欲和好奇心,即求"真"。我们所言的"真"指我们不但要教育老年人继续追求真理,而且要理性地反思老年教育的问题。虽然尼采高呼"上帝死了",福柯高呼"人死了",但是哲学终究还应是理性的反思。也只有理性的反思,才有可能使人摆脱工具理性的奴役。同时,求"真"还要求我们合理地引导老年人学以致用、解决老年教育中的问题,逐渐改变老年教育的现状。在这个意义上,哲学不仅是对世界和人生意义的根本问题的理性反思,还是人们改变世界的实践。老年教育要提高老年人的思想道德素养,即求"善"。求"善"要求我们要培育完善的理想人格。人格是人的道德精神的内化与守护,它通过人的道德行为体现出来并在道德行为中养成自身,涉及人的理性、情感、意志等诸多要素。老年人需要面对体力、智力衰退等问题,但这并不妨碍他们可以有责任、有尊严地生活。如果说"真理性,是人类的前提;价值性,是人类活动的目的指向。两者统一于人类实践",那么,老年教育最终要使老年人在真理、价值、道德、智力、体力之间获得一种平衡,达到身心和谐。

(二)生命哲学对老年教育的导向

生命哲学是 19 世纪末 20 世纪初反对实证主义和理性主义思潮的产物,是一种非理性主义的哲学思潮,发端于叔本华和尼采,代表人物主要有德国的狄尔泰、齐美尔和法国的柏格森。它重在阐述生命存在、生命本质和生命意义。老年教育离不开生命哲学的指导作用,它是一种关注老年人的生命发展与生命价值提升的教育。生命哲学在老年教育的主旨、内容与模式等方面均有指导和规范的作用。

从老年教育的主旨来看，生命哲学的指导和规范作用在于，提出老年教育必须"尊重生命的价值"。人的生命包括生物性生命、精神性生命、价值性生命三种形态。在生物性生命的意义上，人是自然生理性的肉体生命，有保全生命与延续生命和种族的基本需要。这要求老年教育应该切实有效地提高老年人的生活质量，尤其关注老年人的生命健康教育和生存能力的培养。在精神性生命的意义上，人之所以为人就在于人有高于动物的意识活动。人不但要思考如何活下来，还要思考如何更好地生活。这要求老年教育还应该丰富和提升老年人的精神生活，倡导老有所为，尊重老年人的生命体验。在价值性生命的意义上，每个人在一生中都要思考诸如"为何活着"的问题，这是人对生命意义的一种反思，是人对生命价值的一种诉求。这要求老年教育应该尊重老年人的生命价值，全面地关照生命价值的多层性。

从老年教育的内容来看，生命哲学的指导和规范作用在于，提出老年教育要"强化"生命教育。在具体的教育内容中，我们需要进行生命哲学的相关教育，开展与生命内涵、生命价值、生命意义等相关的课程活动。老年人通过教育学习，树立积极的生死观，正确认识和对待生命的衰老和终结。人是"向死而生"的生命。德国哲学家海德格尔认为人是面向死亡的存在，死亡始终以在场的方式存在于生命"活"的过程中。死亡不是终结，而是贯穿于生的过程的存在。同时，老年教育应该直面老年人的生活现实，开展专题生命教育、生命体验分享会、代际沟通活动等，使老年人体会到生命的幸福感。老年教育应该增强老年人追求幸福、体验幸福的能力，使老年人的晚年生活幸福而充实。

从老年教育的模式来看，生命哲学的指导和规范作用在于，提出老年教育必须回归生活，使教育与生活融为一体。生命哲学家柏格森的一段论述十分精彩，他说："我们将有生命体装进我们的这个或那个模式，却全遭失败。所有的模式全都崩溃了。对我们试图装入的那些东西来说，这些模式全都过于狭窄，而首先是它们全都过于刻板。"他认为，"将生命活动缩减成人类活动的某种形式","只能局部地说明生命,只是生命真正过程的结果或副产品"①。教育来源于生活,教育最终也要走向生活。老年教育要避免模式化、理论化,要走进老年人的生活。生命需要在生活中孕育、发展、延续,老年教育与老年生活是一个整体。老年教育不但要克服刻板模式,向生活汲取养料,还要有效地提升老年人的生命质量。

(三)价值理论对老年教育的导向

价值理论就是以人们生活的重大问题为着眼点,研究人们如何确立价值观念,做出价值评价的理论。它涉及善恶是什么,人们如何判断是非善恶等问题。价值与人们的日常生活密切相关,人的一切行为、思想、情感和意志都以一定的利益或价值为原动力,不同的价值思维和价值取向将对人的思想和行为产生巨大的影响。

1. 公共价值精神对老年教育的引导

个人的行为、结果不是处于孤立的状态,人们的价值精神可以传递,行为的经验可以分享。共同体的公共福祉关系着每一个个体的福祉,因为共同体不是单一的、固定的组织,它是人们在共同行动与交往中结合而成的。每一个共同体的价值信念、利益诉求都不同,但通过个体的交互作用会形成基本的价值共识。社会作为一个伦理共同体,它的价值精神是不同形式的共同体(或者团体、社团、组织)在交往行为中确立的公共价值精神。公共价值精神无疑是我们熟悉的正义、公平等价值理念。公共价值精神存在于日常生活的每一个领域,包括老年教育领域。公共价值精神给个体的心灵成长以滋养,它对人的道德感、道德规范意识以及道德习惯的养成均有重要作用。在这个意义上,老年教育应该主张老年人合理地追求和实现他们晚年的生活目标。在智力、体力、兴趣、技艺等诸多教育活动中,社会的公共价值精神应该发挥积极的导向作用,确立基本的价值目标与行为规范。

2. 个体道德人格的诉求

人心植根于社会,人的成人过程意味着个体必须具备基本的道德能力和完整的道德人格。道德人格是人之为人的一个标志,它通过人的道德行

---

① 柏格森.创造进化论[M].肖聿,译.北京:华夏出版社,2000:142.

为体现出来并在道德行为中养成自身。或者说，"道德意志是一个人有意识的实现，他的真实自我和观念自我应该是同一的"①。对老年人来说，他们已经具有一定的道德意识，并能主动地从内心的、主观的道德意识进入道德行为。他们能够意识到"应然"的道德理想与"实然"的道德现实之间的差距，进而采取相应的行动。老年教育关乎老年人如何有尊严地生活以及实现自己的道德人格理想。一方面，老年人应该享有平等的生存和发展的权利，这种权利是普遍无例外的。老年教育应该为老年人自我价值的实现提供基本的教育保障。另一方面，老年人应该真实地呈现自己的人格状态，赢得他人与社会的尊重。老年教育通过教学和实践的方式激发老年人不断地实现自己的价值诉求，这也是他们实现自己道德人格的过程。

3. 以促进文明建设为宗旨的老年教育

价值理论对老年教育的引导还体现在促进社会文明上。换言之，老年教育应该是社会文明建设的重要内容，老年教育的宗旨之一是促进社会文明。老年教育不等于单一的养生教育，即依赖于他人与社会服务的一种消极教育。基于养生教育的价值观念，人们认为老年人经过大半生的拼搏，在晚年好好享受生活是天经地义的。但是，在现实生活中，特别是在发展中国家，老年人的生存和发展面临诸多问题，比如衣食住行的压力、家庭经济压力、疾病压力、生活照料压力等。即使解决了生存压力，精神孤独寂寞、年龄歧视等仍将困扰着老年人，老年人常为消磨时间、打发时间作为晚年生活方式而感到厌倦。在这个意义上，我们应该反对单一的养生教育，倡导多元教育，注重启迪老年人的心灵，拓宽他们的视野，为他们提供多元选择。社会上有歧视、嫌弃甚至虐待老人的现象，很多老年人因法律意识淡薄、生活单调枯燥、情感支持薄弱而失去生活的勇气，甚至患抑郁症产生自杀倾向。现代老年教育应将"养"和"为"结合，通过老年教育，让老年人学习现代科学知识，锻炼老年人的思维能力，保持审慎思维的优势，使老年人力所能及地参与社会活动，活到老、学到老，在知识的不断更新中，培养老年人的创造能

---

① 杜威.杜威全集：第2卷［M］.熊哲宏，张勇，蒋柯，译.上海：华东师范大学出版社，2010：157.

力,使老年人享受美好的生活,促进社会文明建设。

(四)当代哲学流派对老年教育的导向

当代哲学流派对老年教育有一定的影响作用。不同的哲学流派秉持不同的哲学观点,对老年教育的解释和理解会存在差异。哲学本身是时代的产物,那么研究老年教育就有必要关心哲学流派的发展和演进。此处,我们以后现代主义哲学的教育思想为例,分析哲学流派对老年教育的导向性作用。

后现代主义是 20 世纪 60 年代以来在西方出现的具有反西方近现代体系哲学倾向的思潮。后现代主义哲学家们具有如下六个基本倾向:(1)强调反思与批判现代性,把批判作为认识的工具;(2)强调多视角、多元化的思维,反对单一思维;(3)强调非理性思维,反对理性主义,反对科学主义与技术理性,认为在自然科学方法之外还存在着人文与社会科学方法;(4)推崇对话,主张人际沟通与关系重建;(5)强调不确定性和差异性,反对绝对普遍性;(6)提倡人与自然的交融,反对人类中心主义,反对主客二分。后现代主义哲学思想在教育领域有着直接的导向作用。

就教育方式而言,后现代主义者反对普遍本质的人性论,重视培养个性的多样性和差异性的教育方式。他们反对从单一理念出发关照世界、阐释世界的做法,宣称所有的方法都有局限性,没有亘古不变的教条,教育没有预定的终极目标。他们允许任何方法,容纳一切思想,倡导以个性的差异性为基础,建立一个多元的、开放的教育体系,塑造具有丰富自由个性的主体,使教育成为能动的、解放式的教育,使个体摆脱现代理性的桎梏,从社会禁锢中解放出来。这也意味着把教育从作为社会力量的工具地位解放出来,使其成为自主的社会力量,成为发展学生批判性思维和自由个性的真正的解放过程。多尔把他设想的后现代课程标准概括为"4R",旨在与泰勒提出的四个基本问题对立。"4R"即"关系性"(relation)、"丰富性"(richness)、"严密性"(rigor)、"回归性"(recursion)。基于后现代理论对老年教育的反思,我们发现老年教育的教育内容范围比较大,课程类型比较多。老年教育不但包括普及知识教育,如老年生理知识、老年心理知识、老年智力文化知识、个人兴趣文化知识,还包括社会实践能力方面的知识,如信息技术、手机、计算机、洗碗机、监控设施等新技术产品的应用。

显然，老年人继续接受教育的目的并不在于求职谋生，而是非功利性占主导。老年教育的主要作用是帮助老年人适应变化的社会，跟上社会变革的步伐。同时，帮助老年人利用空闲的时间，整装待发，开辟自己的第二人生，完成另一种自我的蜕变。霍华德·麦克拉斯曾说过，教育是一项基本的权利，它是持续进行的。老年教育有助于老年人发挥潜力，使他们获得丰富的和富有意义的生活。可见，老年教育的目的不在于设定教育的终极目标，而在于满足老年人健康长寿、不断提高生活水平、继续参与社会发展、自我完善等各方面的需要。通过老年教育，我们能更充分地意识到老年人是社会的重要组成部分，他们的发展与进步是社会文明建设的重要内容。

二、老年教育的社会学基础

许多传统观念认为，老年人不再需要社会化了，他们只对他人施行教化，而自己决不会重新面对社会化的问题。然而，现代社会发展证明，老年人需要通过学习知识、技能、社会规范等，适应变化的社会环境，做好自身社会角色的转换。在这个意义上，老年人也需要继续社会化。老年教育是实现老年人继续社会化的有效途径，老年教育的建设、发展、完备需要以社会学的相关理论为基础。

（一）人的社会化问题

老年教育是终身教育的最后阶段，老年人在教育的过程中不断地完成自己的社会化而不是被逐渐边缘化。老年教育要坚持人学原理和社会学原理的统一，探索老年群体与社会相互关系的规律。所谓教育学的人学原理，是指教育的目标是人，教育的本质是研究培养人，培养人具有正确的人生观和世界观，开发人的潜能，实现人的生命价值，使人成为社会有用之人。教育使人类实现从自然人到社会人的转化。所谓社会学原理，是指教育使人类运用知识参与社会实践，实现应然与实然的辩证统一。教育过程是人类社会从必然王国走向自由王国的过程，是坚持人学原理与社会学原理统一的过程。教育具有自己的社会职责，它既要实现个体的完善，也要促进社会的发展。教育不但是知识的讲授和系统的学习，而且是人的全面自由发展和社会需求的结合。相比之下，老年教育需要将教育的社会目标、道德目标、经济目标与老年人生活的改善、生命质量的提高、知识的增长、能力的增强等联系起来。

具体而言,人的社会化问题对老年教育提出了三个基本要求:第一,就老年教育的目标而言,它要有助于老年人的社会化或者说融于其所生活的社会,而不是与社会相分离。第二,就老年教育的内容而言,它要有助于建立老年人与社会沟通的桥梁。比如,老年教育包含社会法律规范、道德规范和基本规章制度等方面的教育,具体涉及各个领域的法律法规,人们的思想品德、社会公德等一系列内容。老年人在学习这些社会规范的过程中,可以更好地了解与社会沟通的渠道,更好地维护自身的权利,而不只是将规范作为外在强制性的约束机制。第三,就老年教育的方法而言,它要立足于老年人自身的社会问题和社会因素与老年人之间的相互关系。

社会学理论通过探讨老年人与社会的关系,揭示老年个体、群体与社会各要素之间的关系和人的老龄化的规律。我们主要从老年人的主体身份、社会责任、个人与社会的统一这三个维度分析社会学理论对老年教育的基础作用,并以此选取相关的社会学理论。

(二)功能理论与整体发展理论

从个人与社会的统一这一维度看,我们既强调教育的功利主义功能,也强调教育应该将个体完善与社会发展统一起来。一方面,教育要有实际的成效,要能提升大多数人的综合素养,老年教育亦如此;另一方面,教育虽然最终要实现社会的整体发展,但是应该让受教育者保有自己的特殊性、差异性和独立性。

1. 功能理论

功能主义认为社会是一个复杂的体系,它的各个组成部分协同工作产生了稳定和团结。根据这种观点,社会学总体上应该研究社会各组成部分之间以及它们与社会整体的相互关系。例如,分析一个社会的宗教信仰和习俗,我们从揭示它们怎样与社会中的其他制度相关联入手,因为社会的不同部分之间是紧密联系的。如果要研究社会事件或制度的功能,那么我们就要分析其对社会延续所起的作用。关于价值判断的问题,功能主义者强调道德共识的重要性。当社会的大多数成员分享一种共同的价值观时,这种道德共识就存在。功能主义认为秩序、稳定和平衡是社会的常态,因为社会成员能在这些问题上达成基本共识。

老年人参加老年教育,积极参加家庭和社区活动,参与社会、服务社会,体现了他们的社会价值。老年教育不仅能促进家庭之间的和谐、代与代之间的和谐,也能促进社会整合和社会稳定,因为在教育的过程中,老年人不断地接受新事物、不断地适应时代发展的要求。正如法国社会学家迪尔凯姆所言,一个社会要延续下去需要其成员的思想、价值准则、规范基本相似,教育的功能就是通过向人们提供他们所不具备的规范和认识框架,来维持社会秩序……教育是成年一代向未对社会生活有足够准备者所施加的影响。因此,该理论认为教育在社会整合方面具有其他组织机构不能取代的作用。老年教育也具有不可取代的作用,它以教育的形式探索属于老年人共享的价值观、规范、信仰、习惯等,并将其融入社会的整体发展。

老年教育必须以社会观为基础,发挥教育的社会化功能。老年教育不但让老年人在时代发展进程中更新自己的知识体系,而且让他们在保持传统美德的基础上接受与社会发展相一致的、具有进步性的价值观念。教育不但为人们提供社会生存所必需的技能,而且使人们学会并实践社会的标准和价值观。受劳动能力、身体状况的影响,加之面临老伴、亲友等离去的危机,老年人在社会生存方面处于弱势群体的位置。他们在心理和生理方面不能像年轻人那样坦然、平静。1999 年,世界卫生组织提出"积极老龄化"的核心理念,强调老年人应该积极面对晚年生活,作为家庭和社会的重要资源,通过参与社会来提高晚年物质生活和精神生活质量,以实现自我人生价值,为社会继续发挥余热。因此,通过教育不仅能使老年人认识更多的同辈群体,也能使他们在交流沟通中相互理解,进而在维护社会稳定与社会整合中发挥一定的作用。

2. 整体发展理论

整体发展理论强调发展的整体性和协调性。该理论关注教育的基础性和普及性这两个特征。人的发展与社会的全面进步是一个整体,教育应该关注"整体性",关注被教育者的社会个体双重身份问题。虽然具体领域的教育知识千差万别,但是每个人都需要接受基本的、共性的、整体性的教育。

但整体性教育代替不了个体性教育,在共性教育中不能忽视个性教育。人是各有特点的,社会分工和发展需要各式各样的人才参与建设,不能忽视个体性发展功能。教育要做到整体而协调地发展,就要注重平衡,重视教育公平。

老年教育的整体发展与老年人的个体性发展之间并不必然产生矛盾,两者相辅相成。如果仅针对个体性、个人需要开展老年教育,就会产生不公平的现象。老年教育的整体性价值在于从整体上发展老年教育,提升老年人的生活质量。比如,我们可以创造老年人参与社会的机会,提供健康知识的教育等。老年教育政策的制定要以老年人的整体需要为出发点,使老年群体的生存和发展成为社会和谐发展的有机组成部分。在寻求整体发展的同时,兼顾老年个体的个性特征以及具有特殊性的个别要求。通过教育,老年人的思维方式、生活方式和行为方式都会发生改变,让僵化、固执、保守的刻板印象与年长者分离,让年长者的阅历和经验成为家庭、社会和谐的财富。在这个过程中,老年教育必须因材施教,发挥老年人的潜能,完善他们的终身教育体系。

整体发展理论要求我们关注老年教育政策,以政策促发展。一方面,我们应该优化教育政策,创建自主的、自助性的教育环境,让老年人学习生活中的新技术、关注新科技,学会与年轻人交往,能够与社会其他团体合作共事,为老年人提供展示自身才华的机会,让老年人有尊严地生活;另一方面,我们应该鼓励社会完善补偿教育政策,以政策制度形式为老年人提供可持续的资源补偿和平等地接受教育的机会,这是全社会的共同责任。只有我们有一个充满活力的、注重整体发展的老年教育体系,社会才可能有一个较为完整的终身教育体系。

(三)冲突理论与角色理论

从社会责任维度看,我们主要分析冲突理论、角色理论及其对老年教育的启示。社会冲突理论包含了社会结构、社会变迁、社会强制中的矛盾与冲突,老年教育要直面这些冲突,社会需要承担老年教育的责任。同时,无论社会组织、民间团体、政府还是老年人自身,其角色定位在老年教育中都起着重要的作用。

1. 冲突理论

冲突理论认为社会的每一方面都在变化,社会变化是普遍存在的;同时,社会在每一刻都会出现分歧与冲突,社会冲突是普遍存在的,冲突是社会生活中一种自然的和不可避免的现象,而且冲突和矛盾的结果导致了社会结构的变化。可以说,冲突理论家突出社会中分化和变化的重要性,拒绝接受人们对共识的强调。

冲突理论的基本要点有以下几方面。

(1)社会集团之间的冲突。冲突主义者认为,在社会结构中,团体之间由于目标、利益的不一致,存在着彼此对立的现象。不过,他们又认为,世界还是有秩序的,冲突并不是对统一的否定,统一的对立面也不是冲突。不太紧张和剧烈的冲突,不但不会破坏秩序,还会促进系统的团结、统一和有秩序的变迁。

(2)社会系统的变迁。这是团体间冲突与斗争的结果。在短暂的平静中,可能酝酿着反抗与斗争,从而导致社会的不断变迁。所以,冲突论者认为,稳定发展与急速变迁都可能交替出现在社会过程中。社会的每一个要素都促使社会变迁。

(3)社会关系的强制性。在斗争中取得优势和控制地位的团体,要采取强制手段,迫使其他团体与其合作,以维护社会的稳定秩序。秩序是强者对弱者、富人对穷人施以暴力或强制的结果,而不是他们之间的自然合作。每个社会都是建立在某些成员对其他成员的压制的基础上的。换言之,在社会发展过程中,人们有可能面临同一社会的不同集团之间的冲突、社会系统变迁带来的不同群体之间的冲突以及社会关系带来的身份角色的冲突。

运用冲突理论解释老年教育,我们会发现以下几方面的问题。

(1)老年教育的问题、老龄化的问题有可能在短时间内与社会发展的其他问题产生冲突。同时,老年教育也会随着社会的发展而不断发展,并将对社会的发展起促进作用。人类存在的目的是追求进步与发展,而不是维持现状。老年教育的作用不在于缓解老龄化带来的社会问题,而是积极地探求老年群体推动社会发展的有效途径。

(2)老年教育应该直面老年人的社会问题,比如老年人的社会地位、社会权利,尤其是由制度变迁导致的社会政策与老年人的需求之间的冲突。这要求老年教育倡导和谐的价值观念,而社会需要完善老年教育的法律制度以及老年人的福利制度等。

(3)老年教育倡导社会建立稳定的社会秩序,合理而有效地讨论老年人在角色转化过程中面临的冲突问题。秩序表示一种和平与安全的状况,它使文明生活有了可能……秩序,如奥古斯丁所定义的,包含一个善的等级系统,从保护生命一直上升到促进最高类型的生活。只有社会承担起建立秩序、维护稳定、发展历史的责任,它才有可能整合资源、发展教育,进而为老年教育提供一个开放、多元且公正的教育环境。

2. 角色理论

社会学者最先从角色理论的视角解释老年社会。从已有的研究看,美国社会学家、社会心理学家 G. H. 米德首先把角色概念引进社会心理学,但他没有给角色下一个明确的定义,只是用比喻的方式说明不同的人在类似情境中表现出类似行为这种现象。在此基础上,美国人类学家 R. 林顿认为,当个体根据他在社会中所处的地位实现自己的权利和义务时,他就扮演着相应的角色。

社会学理论认为,人的社会化就是人学会扮演不同的社会角色。角色不但标志着一个人的身份、地位,而且标志着与其身份、地位相匹配的权利、义务以及行为模式。社会的稳定和发展有赖于社会体系中每个成员都能正确地认识自己的社会地位,履行自己的社会角色,以适应社会整体发展的要求。老年人在社会关系中也扮演着相应的角色,角色构成了老年群体的基础,而社会对老年人的角色也有相应的行为期待。老年角色理论的重点在于探讨老年人如何适应新角色的问题。角色理论家发现角色转变基本上涉及抛弃成年人所扮演的典型角色,代之以老年人的新角色。例如,老年职工由退休前的职业型角色向休息型角色的转变,他们将失去原来所熟悉的职业角色行为模式,而代之以老年人的角色行为规范。

角色理论研究他们在角色转变过程中的问题、人际关系的变化,以及解决问题的途径、方法等。孔子曰:"其为人也,发愤忘食,乐以忘忧,不知老之将至云尔。"《论语·述而》警示我们:当人们专注于自己的社会角色,专心工作,心情愉快,有所为并有所得,会让人忘记自己的衰老。相反,如果陷于无角色的境地,被边缘化,那么人们就会感到空虚,生命价值失落,会产生"饱食终日,无所用心,难矣哉"(《论语·阳货》)的感慨。对老年教育而言,让老年人继续扮演好自己的角色并寻找新的角色定位显得至关重要。

在老年教育中,角色理论涉及教育中的多重关系,我们主要分析老年人和社会(尤其指政府)这两个角色。社会、政府在老年教育中扮演着一定的角色并承担着相应的义务。从社会角度看,这里的角色涉及社会及其相关的组织机构如何定位自身在教育中的角色。同时,社会、政府的角色定位还涉及如何理解教育在社会发展中的地位问题。在社会矛盾冲突与社会结构调整变迁的过程中,社会尤其是政府组织需要摆脱传统家长式的管理方式,发挥民间、民众、老人自身的主体作用。社会在教育中起引导、协调以及辅助的作用。

从老年人的角度看,老年人如何适应自己的角色转变和义务履行的问题尤为重要,因为老年人的角色转变涉及某些角色的丧失或中断。一个人在年轻时工作充满着干劲,在工作中接触同行以及相关行业的人比较多,而到了老年因为年龄的关系不得不离开自己喜欢的行业以及领域,突然离开职场,离开朝夕相处的同事、朋友,有时难免会感觉无所事事、死气沉沉。在角色转换方面,老年人会遇到这样或那样的问题。通过老年教育,老年人可以对自己的人生经历进行梳理,把自己前半生的经验和阅历分享给更多的人。老年教育应该积极发挥社会角色理论的功能,帮助老年人适应角色转变。

(四)福利权利理论与老年亚文化群理论

从老年人主体维度看,我们主要分析福利权利理论与老年亚文化群理论对老年教育的启示。这里的主体既包含作为个体的老年人,也包含作为个体结合而成的老年群体。老年教育可以使老年人自我完善,满足老年人的求知欲望,给老年人带来生活的满足感。在这个意义上,老年教育要直面老年人的基本福利权利要求,尊重老年人因自身生活习惯、文化传统等形成的老年群体的特质。

1. 福利权利理论

福利权利理论主张,公民有资格要求社会或国家对其承担责任,使其享有公民的基本权利。换言之,公民被法律赋予正当的理由向国家(社会)要求得到某种保证自己和其他社会成员享有平等的地位和待遇,以获得合法地支配某些社会资源,满足自己生存和发展的能力。马歇尔在他的《福利的权利及再思考》一文中提出:"权利可以包括法律权利、社会权利和道德权利……福利可以是一个广义的宽泛的概念,它是物质手段与精神目的的复合体,在连接财富与幸福之间的轴线上,你可以发现它的影子。"由此可见,福利权利是一种人权保障方式,也是人的社会权利的重要内容。对老年人而言,他们应该享有法律权利与社会权利,比如享受公共教育、保健、失业保险以及养老金的权利等。那么,继续接受教育也应该是老年人的基本社会权利之一。我们强调公民福利权利的目的在于突出福利权利对老年人过上更有品质的生活的重要意义。

福利权利理论对老年教育提出两个基本要求:第一,社会需要为老年人提供连续的教育,老年教育需要具有连续性和持续性。同时,老年教育应该将老年人对教育的自身需求与人类社会发展的需求结合在一起。这意味着社会应该为老年教育提供稳定的政策尤其是福利政策的支持。第二,老年人需要在教育中提高自身的权利意识与责任意识。在这个意义上,老年人应该积极争取自己的权利,在此基础上提高认识、理解、鉴赏事物的能力和水平,更新自己的知识,完善自己的人格。老年人还应该提高自己的责任意识,增强参与社会生活的能力,为社会创造物质财富和精神财富。

2. 老年亚文化群理论

老年教育应该关注老年群体的特殊性,老年群体在与其他群体的交往中显现出亚文化的特征。按照《法学大辞典》的解释,"亚文化群"又称"次文化群""副文化群",是指区别于大社会的整体文化价值体系,而按照自己周围环境的价值体系形成的社会集团。该团体不接受整个社会的文化价值,固有自己特殊的价值观和社会准则。老年亚文化群的概念由美国学者阿诺德·罗斯于 1956 年在其出版的《老年人及其社会环境》一书中首次提出。他认为,由于老年人有着相同的利益、心理倾向和共同语言,再加上社会存在着对老年人的偏见,因而相对于中青年人群而言,老年人之间往往联系较为密切,形成一种隶属于一般文化、反映老年人特点的亚文化。换言之,随着老年人口的增加,老年人在老年群体中更容易找到归属感,减少压力并获得快乐。老年亚文化群理论关注老年群体的共同特征。

亚文化群理论倡导老年教育坚持和谐发展与差异发展相结合。一方面,老年教育需要发挥老年亚文化群的凝聚作用,寻求老年人在思维特点、文化观念乃至行为习惯等方面的共同特征,发挥他们的主体精神。虽然人们对老年亚文化包含的具体内容存在分歧,但老年亚文化是他们融入社会的最好方式。另一方面,老年教育不但应该关注老年亚文化群体的共同特征,而且应该分析和尊重老年教育的特殊性和个体之间的差异性。我们发展老年教育的关键在于如何认识差异、尊重差异。一个进步的社会把个别差异视为珍宝,因为它在个别差异中找到自己生长的手段。老年教育应该关注老年人在年龄层次、社会关系、经济条件、职业文化程度、兴趣爱好、健康、保障等方面的差异。老年教育要针对老年生活中的种种差异,因人施教、因材施教。老年教育既要注重老年人的差异发展,也要注重他们的和谐发展,使老年教育的各个组成部分相互联系,以满足社会和老年人的各种学习需求;既与每个老年人相联系,体现个体性发展,又与老年群体相联系,体现这一亚文化群的整体性发展。

三、老年教育的心理学基础

老年教育究竟是什么性质的教育? 实施老年教育的可行性与意义何在? 要回答这些问题,我们不得不从终身教育的含义与意义说起。"终身教育"这一术语于 1965 年由联合国教科文组织成人教育局局长保罗·朗格朗正式提出。终身教育是指个体为了更好地发展,必须在一生的各个阶段都接受教育,既可以是学校教育,又可以是社会教育;既可以是正规教育,又可以是非正规教育。它开始于人的生命之初,终止于人的生命之末,包括人发展的各个阶段及各个方面的教育活动;既包括纵向的一个人从婴儿期到老年期各个不同发展阶段所接受到的各级各类教育,又包括横向的从学校、家庭、社会各个不同领域接受到的教育,其最终目的在于维持和改善个人社会生活的质量。老年教育则是终身教育在老年阶段所实施的教育活动。

（一）毕生发展观

以巴尔特斯为主要代表人物的毕生发展观告诉我们：个体发展是整个生命发展的过程。具体地说，人的一生都处在不断的发展变化中，从生命孕育到生命的晚期，其中任何一个时期都可能存在发展的起点和终点。这意味着老年期也具有发展的可能性，老年教育则是实现老年期发展的一条重要途径。传统的心理发展观主张心理发展从生命之初开始，儿童青少年期是发展的主要年龄阶段；到成年期，心理发展处于稳定；到老年阶段，心理衰退则成为其主要特征。因此，传统的心理发展观强调早期发展经验对以后发展的重要性，强调人类的早期教育，认为后继的发展直接取决于先前的经验。而毕生发展观则主张心理发展不仅取决于先前的经验，而且与当时特定的社会背景等因素有关。因此，任何阶段的经验对发展均有重要的意义，没有哪一个年龄阶段对发展的本质来说是特别重要的，儿童期的发展与老年期的发展在个体一生当中具有同等重要性。同时，毕生发展观强调个体的发展是多维度、多方向性的，具有可塑性和情境性。

在个体社会性发展领域做出杰出贡献的美国心理学家埃里克森认为，老年人丰富的人生经历使得老年人具有巨大的智慧，而智慧又使得老年人具有发展自己、服务社会的潜能。埃里克森认为老年期的发展主要为获得完善感，体验智慧的实现。他认为，中年人和老年人普遍存在一种内在的心理动机，这种动机使得他们努力地工作以使自己的小孩或后代生活得更好，后来的学者便把这种动机叫作传承感。到了老年之后，传承感不再局限于个体自己的家庭和后代，而是拓展到社区、组织和社会领域，比如参加社区的义务活动、无偿传授自己的知识经验、维护和传承社会文化等，表现为为了使将来社会更美好，子孙后代更幸福，老年人愿意努力地贡献自己的力量。总的来说，传承感是老年个体的一种内在心理动机，促使个体努力为自己的子女或后代创造美好的生活，也促使个体为了下一代的福祉和社会更好地发展而贡献自己的力量。按照埃里克森的理论，只有回顾自己一生感到所度过的是丰富的、有创建的和幸福的人生，这样的老年人才会不惧怕死亡，才具有圆满感和满足感。而那种传承感没有得到体现的老年人则体验到失望，体验到失望的老年人并不像体验到满足感的老年人那样敢于面对死亡,因为前者在一生中没有实现任何重大的目标。换句话说,老年人已进入人生的最后一个阶段,他们回顾自己的一生,渴望把一生中所获得的智慧和人生哲学,与新一代的生命融合为一体,满足自己的完善感,体现自己存在过的价值。因此,传承感的实现对于老年人来说有着非常重要的意义,是老年人渴望"被需要"的一种心理需求,也是老年人达到自我完善的一种心理需求。

一些学者的研究发现,传承感有许多种表现方式。McAdams 和 Aubin (1992)进行了总结,把传承感的表现形式分为三种:一是创造,产生创造性的作品,留下与众不同的标记或符号,使之流芳百年,成为不老传说,例如著书或写自传;二是给予,是一种被需要的需要,给予别人知识或技能,使自己对别人很重要,例如传授年轻人知识经验;三是维持,表现为维护传统,服务社会,做对社会有贡献的事情。从这三种表现形式来看,老年人有满足自己传承感的动机,老年教育是一个最好的途径。有研究表明,个体受教育水平越高,传承感也越高,也更乐于奉献社会,对生活的满意程度也越高。

毕生发展观所产生的影响是巨大的,它使我们更全面、更深刻地理解了个体的发展过程,同时也为开展老年教育的可行性提供了强有力的理论支持。

(二)老年人的心理需求理论

提到老年人的心理需求就不得不提到弗洛姆的心理需求理论。弗洛姆认为"人的存在是处于经常不可避免的失衡状态之中",人类为了生存,会面临最根本的矛盾:生与死的矛盾、理性与人在生物上的弱点的矛盾、自由与孤独感和疏远感的矛盾。为了克服这些矛盾,以获得和谐的生存,人类会去追求满足以下五个心理需求。

1. 认同需求

人的自我同一感是在脱离母亲和自然的原始束缚的过程中逐渐发展起来的。人从自然中分离出来,赋予了想象合理性,需要明确自己是独立的存在,形成自我的概念。人们以两种方式确认这种身份感,一种是"我即我",另一种是"我即我们"。也就是满足身份感的需要的方式有两种:一是把自己看成是一个独一无二的个体,二是把自己融入群体一致性中。弗洛姆指出人们须知道自己是什么样的人,与他人的差异,以确定自己的独特性。个人的社会地位、职业、宗教、国家等均可以提供认同需求。

2. 关联需求

当人们认识到自己的孤独性和分离性,体会到个人的无能感以及生命的不可控性,了解了生与死的偶然性时,就会产生一种迫切期望与他人或某种势力建立关系的需要,由此建立安全感和一致感,获得和谐的生存。简言之,人为了克服孤独,须与人建立关系,个体有爱人与被爱的需求,并渴望与人产生关联。

3. 超越需求

弗洛姆认为,人与自然界的其他生物一样,偶然地被迫在世,又偶然地被迫离世。作为本能依赖性最低的人,人不会满足于作为被动的生物存在,人要超越作为生物体的偶然性、被动性,去实现创造性,成为独立、自由的人。也就是说,人类为了能超越物质条件的局限,而在精神层面上展现出创造性的人格品质。人对此需求的追求,正是物质产生、艺术创造、爱与宗教的源泉之一。在弗洛姆看来,人类对爱、艺术、宗教及新的物质产品的孜孜以求,都来自人内在超越的需要。创造的先决条件是活力与关心。如果人不能创造,不能去爱,那么人就丧失了存在的必要。

4. 定向需求

定向需求实际上就是人对意义的追求。人有理性与想象力,无法像动物那样过无目标的生活。哪怕目标是虚幻的,人也一定要有目标。这是人的目标需要的最基本的层次。健康的、理性的人能客观地认识世界、自然、他人与自己,不被欲望与恐惧扭曲,为自己寻找到真实的生存意义与价值,确立值得为之献身的目标。人的理性发展越成熟,确定方向的能力就越强,也就越接近客观实际。但人也常常非理性地对待定向需要。原始社会中的对自然与祖先的崇拜,如万物有灵论、图腾崇拜,就是一种非理性的定向需要。这个需求促使人们产生生活的目标和方向,从而在追求此目标的过程中,发现生命的价值和意义。

5. 寻根需求

人生于自然,因而天生渴望能与自然界融合,不与其分离。然而,因理性的产生，人脱离了自然，失去了生存根基，因而感到无所适从，唯有再次找到新的生存根基，才会再度感到安全、踏实，有所归依。从人际关系角度来说，这意味着人不愿与母亲、与他人分离，希望能与社会保持接触，如孩子需与母亲联结产生依恋关系，成人则需与他人产生友谊等亲密关系。寻根需求意味着我们需要与我们的环境和自己的过去形成有意义的联结，即感觉自己归属于某种东西——一种职业、一个家庭、一种传统、一种宗教等。

美国社会活动家玛吉·库恩曾言："老年人有丰富的生活经验，有充足的做事时间，最适合出来为公共谋取利益。"充分发挥老年人能力和智慧上的优势和潜能，建立一个不分年龄、人人共享的社会，不仅有助于促进老年人的健康，更是社会发展的内在需要。老年人通过老年教育，可以丰富社会交流活动，满足心理需求，改善老年心理问题，促进个体心理健康。因此，心理需求理论为老年教育提供了必要性。

第三章　典型老年教育供给分析

在老龄化进程不断加快,多元老龄问题日趋加剧的时代背景下,充分发挥教育的作用,以发展老年教育促进老龄问题的解决,既是终身教育理念向我们提出的要求,也是和谐社会发展的时代要求。自20世纪80年代以来,我国老年教育经过多年发展,取得了长足的进步,但仍然存在着诸如总量性短缺、财政性短缺、体制性短缺、结构性短缺等突出问题。为解决这些问题,政府应协同教育机构、民间团体、社会组织等多方主体力量共同参与,通过确立协同治理目标,遵循协同发展原则,推进老年教育供给侧改革以实现资源的均衡配置,完善老年教育管理体制实现共建、共治、共享,构建综合长效机制以期实现高校协同发展老年教育的最终目标。

第一节　国外老年教育供给经验

一、国外老年教育发展研究

近代以来,老龄化现象在世界上各个国家相继出现,人口老龄化已日益成为一个急需各国贡献智慧的全球性问题。各国在面对人口老龄化问题上有着各自的观点和对策。其中,欧美一些老牌资本主义发达国家在教育发展上更趋成熟完善。

(一)老年教育价值研究

保罗·朗格朗在其《终身教育导论》一书中,提出了"终身教育观"一说,认为"教育要强调顺序性和连贯性",教育贯穿生命始终。该理论的提出使人们意识到长久以来对成人教育和老年教育的忽视。老年教育是有价值的,认识到老年教育的价值是老年教育发展的开端,也是基础。通过对国外文献的梳理,我们发现,老年教育的价值主要表现在正确认识衰老、避免老年歧视、提高老年质量以及促进个体发展等方面。

贾维斯(2001)通过整合在美国和英国收集到的信息,探讨了学习这一活动在整个人类生命周期中的重要作用,尤其是它对正确认识衰老的重要作用,为实施老年教育的必要性和重要性提供了依据。桑德拉·麦圭尔(2005)等人也认为开展老年教育的必要性体现在老龄化教育有助于克服年龄歧视和对衰老的恐惧,有助于抵制社会上关于衰老的错误信息。有相当多的学者研究了老年教育对提高老年人的健康水平和老年质量的积极作用。夏莲娜等人基于对第三年龄大学内受教育者的实证研究,比较研究了老年人和参加继续教育课程的老年人的老龄化和老年质量问题。研究结果表明,老年教育是提高老年人的衰老质量和快乐老龄化的有效途径,老年素质与老年质量以及快乐老龄之间有着明显的正相关关系。格萨和格伦迪(2013)利用丹麦、法国、意大利和英国的纵向数据,研究了积极老龄化与健康的关系。哈塔尔(2019)关注了年龄管理在积极老龄化和积极老年生活中的作用,并从教育的角度探讨了积极老龄化与老年人社会融入之间的关系,指出了两者存在着正相关的积极关系。希拉妮(2019)等人则研究证实了与健康相关的教育项目在改善老年人总体健康和生活满意度方面的有效性。玛丽·伍尔夫(2019)认为终身教育对个人的发展具有重要的意义,能够帮助个体找到将年龄增长和自由发展结合起来的途径。弗兰克·格伦德宁(1990)认为老年人的教育应该与他们对生活的掌控、再培训、自我实现和赋权有关。莫特(2008)指出,随着美国社会的急剧老龄化,农村老年人有复杂、动态、多样的学习需求,老年人学习的主要目的有自给自足、社会参与、休闲和自我完善。艾斯坦斯(2015)提出,面对快速发展的老龄化社会,老年学习的本质是应对这一现象的关键方面,应该通过相关职业技能教育,充分利用这一部分重要人力资源。山下高石(2019)等人以美国50岁及以上居民为研究对象,探讨了终身学习在健康与教育成就之间所扮演的媒介作用,研究表明:终身学习是一种可自主和可持续的改善晚年健康的有效策略,未来的公共卫生政策和教育政策以及教育机构应该考虑为老年人提供更多的学习机会。

（二）老年教育实践研究

在老年教育的实践层面，国外学者分别从老年教育的参与主体、办学方式、学习内容等不同角度对其发展情况进行了深入研究。

在老年教育参与主体上，舒勒和博斯坦（1992）对美国老年教育及相关培训情况进行了详尽研究，认为老年教育应该融入家庭、学校和社区生活之中，对人们进行老龄化教育是国家的当务之急。卡尔顿和索尔斯比（1999）则通过对国家成人继续教育研究所（NIACE）对老年学习者参与正式和非正式学习的调查研究的描述，介绍了包括地方当局、继续教育、高等教育和志愿部门等部门参与老年教育提供的一系列良好范例。鉴于社会对人口老龄化的日益重视，大学、社区也正在扩大针对老年人的终身学习项目。博尔顿·刘易斯（2010）等人探讨了关于老年教育更为具体的问题：什么样、为什么以及怎么做。他指出国外有很多由正式系统提供的老年学习机会，有些项目是在大学里组织的，比如英国在假期使用大学宿舍为老年人开设课程，美国也有不少大学在校园里建立了退休宿舍，它的直接意图就是让居住者可以参与继续学习。此外，还有一些老年人发起的非正式的老年学习形式。在老年教育内容上，老年教育不仅提供了认知知识，也在影响人们情感领域方面做出了贡献。国外老年教育在实践过程中，既有从小抓起的老年观教育，如麦圭尔·桑德拉（2003）在《长大，变老》一文中，着重论述了美国如何利用儿童文学的优势，从心理层面从小培养儿童对老年的积极态度，为儿童提供榜样，以促进形成积极的老年观；也有对老年人积极老年观的培养，如美国老龄化管理局每年都会举办针对老年人的主题月活动，为老年人庆祝，教他们如何变老，并参与代际活动。麦圭尔认为代际活动是老年教育的重要组成部分。在对影响老年教育参与度的研究上，塔马格（2015）研究了不同的学习主题内容对大学终身学习机构的课堂出勤率的影响，并提出了一个问题——哪些学习主题吸引学生参加终身学习计划，并对加强终身学习计划的经验和影响进行了讨论。

最终研究结果显示，终身学习者对宗教、哲学、社会问题以及特定群体和个人的课程更感兴趣。柏斯·劳里（2016）等人则对影响老年人参与终身教育学习的结构性障碍因素进行了实证研究，期望能为政策制定者、机构、组织和政府等提供一份可能做出改变的领域清单,以增加老年人在老年阶段的学习机会。

除了上述研究,也不乏专门针对第三年龄大学进行的研究。其中既包括对第三年龄大学从始至今发展的研究,也不乏对其未来的展望。凯茜·莫里斯(1984)通过对巴黎大学和剑桥大学第三年龄大学体系运作的描述,考察了这一模式从法国向英国转移过程中所产生的差异。斯温德尔和汤普森(1995)从国际视角对第三年龄大学在西方众多国家的相继效仿建设进行了相关概述。黄锦山(2006)在《英国的第三年龄大学》一文中,对英国的第三年龄大学(U3A)异于法国发展方式的原因做了深入阐释,并对其与现有大学或学院以及地方政府的关系进行了深入分析。

相较于法国,英国的第三年龄大学有如下特点:不与知名大学保持密切关系,不期望得到政府的管理、财政等支持,不强调高学术标准。所有的这些不同点都与英国第三年龄大学期望保有充分的独立性、自主自助、成员自行运行的办学思想密不可分。在对第三年龄大学的合理运用方面,勒米厄(2007)等人认为,迫切需要在传统大学和第三年龄大学之间建立一种伙伴关系模式,以确保为老年人工作的教育工作者提供更好的培训,将第三年龄大学与传统教育学院联系起来,有利于进一步完善对未来老年教育者的理论和实践的专业培训。詹姆斯(2008)在认识到越来越多的老年人对学习艺术和手工艺感兴趣的趋势下,通过英国第三年龄大学探索了老年教育在艺术教育方面新的可能性。福尔摩沙(2012)则通过探讨第三年龄大学的起源和发展、成功和不足,在未来发展方面提出要继续加强 U3A 的建设,为老年人提供更高的学习质量、更多元的教学和课程;并进一步提出扩展建立第四年龄大学(U4A)以应对有身体健康问题的老年人的晚年教育问题,希望提供更广泛的老年教育参与渠道,帮助老年人应对身体和认知的挑战。

二、国外老年教育资源供给研究

发达国家作为老龄化进程开始得最早的国家,较早就意识到老年教育的重要作用,并积极寻找合理路径,整合资源,以求最大效率、最大限度地开展老年教育。对国外老年教育资源协同利用有效模式进行分析研究,有助于我国在老年教育建设方面汲取经验教训,完善我国老年教育体系。

　　舒勒（1992）对老年教育实际运行中存在的问题进行了剖析，在此基础上提出了相应的对策和建议。卡尔顿（1999）探讨了利用远程教育为老年人提供学习资源的新模式并提出开办第三年龄大学是整合老年教育资源的重要方式。勒米厄（2007）等人认为第三年龄大学与传统教育学院相结合，将有利于进一步完善对未来老年教育者的理论和实践的专业培训。卡梅伦·理查兹等人则通过研究第三年龄大学模式在泰国的发起与推行，讨论了当地某一大学和当地社区之间建立的一种新型合作模式，认为其在克服老年人学习阻力方面发挥了重要作用，并据此认为该模式亦适用于其他地理区域。

　　很多国家都非常注重各级各类学校在老年教育中所发挥的作用。在美国老年教育的发展过程中，利用高校的资源开展老年教育，已经成为发展老年教育的重要方式。资源社会发展中心全球服务研究所（2001）指出，美国高等教育机构专门针对老年人的特点、兴趣等设计课程内容，高等教育机构允许老年人进入高等教育机构旁听学习、与普通大学生一起学习，同时高校也为老年人提供专门的课程。日本1994年就对参与老年教育服务的大学以及公共图书馆等机构进行了介绍；在20世纪90年代以后，政府开始推动短期大学、大学院校等高等教育机构向老年人开放。除此之外，凯琳（1989）等人研究分析了老龄管理局、卫生职业局、国家老龄研究所、国家精神卫生研究所和退伍军人管理局五个联邦机构在1976到1986年这十年间对老年教育和研究的财政支持情况，发现美国老年教育的资金主要来源于政府拨款。斯温德尔和汤普森（1995）提出法国第三年龄大学所需要的经费主要来自大学所在地方政府的经费，同时社会捐赠也占相应的比例。西蒙（1999）认为，校友和退休职员的加入是学校师资和资金的重要来源。法国创办了世界上第一所老年大学，为世界各国开展老年教育提供了榜样。

　　同时，各国也十分注重对社会其他资源的协同利用。查娅等人在2001年探究了如何使技术更有效、如何使技术更适用于老年群体的问题，并在2006年对社区居住的成年人使用技术的情况进行了研究，以探究年龄与科技使用之间的关系，为老年教育中科技资源的运用提供了理论指导，提出须重视发挥学校教育工作在老年教育中的重要作用。迈尔斯（1979）介绍了一些面向初中生的有关衰老主题的教育。麦克弗森·特纳(2010)认为必须在学校领域,通过学校教育帮助学生从小树立健康积极的老龄观。卡亚(2014)探讨了小学教材如何涵盖老人与老年教育的议题,认为有必要将老年人和老龄化教育纳入小学和教科书,以改善学生对老年人的态度,并培养他们接受自己的老化,倡导大众重视老年教育工作。海曼和圣彼得(2006)介绍了在老年社会工作教育课程和组织变化过程中教师、从业者和学生的经验教训和策略。哈什(2007)等人基于 Gero Rich 项目的经验,通过对在社会工作教育中注入老龄化内容的研究,为其他社会工作项目提供参考,能够更好地吸收和培训人才,迎接越来越严峻的老年人口挑战。汤普金斯(2011)也对加强老年社会工作教育的重要性进行了阐述。

第二节　国内老年教育供给主体

老年教育与社会大教育接轨,教育领域变得更广阔,教育供给主体多样,涵盖学校教育、家庭教育、社区教育和远程网络教育等多领域多形式教育。学校教育为示范层面教育,以课堂教育为主;家庭教育为个性化层面教育,利用个人所能利用的条件,有选择地进行自我教育和家庭成员的互动教育;社区教育为普及层面教育,以各种活动教育为主;远程网络教育又称为"空中教育",通过网络虚拟环境开展全方位教育,适应不同层次、不同需求的老年人,是最具选择性的教育类型。

一、学校教育

(一)老年学校的教育资源很丰富

学校的重要职能是实施教育,以学校的形式进行老年教育,是因为学校汇集了丰富的教育资源。这些资源既包括学校领导、教师、教学辅助人员,也包括教学场所、教学设施以及学校和相关人员与社会各种教育机构、教育场所的联系。同时,按照学校的布局,根据各地老年人的分布情况,确定各类学校的规模,可以将分散在家庭和社会中的老年人聚集在学校里,使他们老有所学;根据老年人的需求,开设分层分类课程,引导他们实现积极老龄化,使他们在新的集体中愉悦身心、参与社会、安度晚年。因此,学校教育是示范层面教育,对老年人的终身学习起导向作用。

教育资源在办学中不断丰富。老年大学的办学发展历程是教育资源不断丰富的过程。如上海老年大学自 1985 年创建,两年后承担起上海市地区老年教育中心的任务,十年后与市老龄委、上海电视大学联合在上海教育电视台创办了"空中老年大学",1999 年成为"空中老年大学""网上老年大学"的教学主管单位,现已发展成为多学科、多层次的老年教育机构。学校设有电脑房、多媒体语音室、钢琴教室、书画教室、烹饪教室、多功能教室等专用教室,并有阅览室、展示厅、演讲厅、健身角等活动场地。随着越来越多的专业课程的设置,从科研机构、高等院校、中等学校聘请的教师及专家学者等师资也越来越多。书法专业聘请的教师为各地书法界的人士,绘画专业多为高校和画院的专业教师,艺术专业也是由知名的教授和专业演员任教,同时,及时发现学员中的学习优秀者,将他们聘为教师,不断充实师资队伍。上海老年大学在教学方法、师资培训、教材选编、教学管理等方面所积累的教育资源,已被全市各区(县)、街道(镇)乃至其他地区的老年学校广泛利用。

丰富的教育资源需要合理配置。教育资源短缺是困扰各地老年教育发展的难点,将有限的教育资源合理利用是老年学校健康发展的关键。武汉老年大学是 1985 年初创办的一所综合性的老年大学。学校坚持"贴近时代、贴近中心、贴近老年人"和"学为结合"的施教方针,根据老年人不同的文化层次、身体条件、学习志趣和需求,实行多渠道、多层次、多学科、多形式办学,合理配置教育资源,收到了良好的教学效果。该校教学分两个系列:一为老年普教系列,按学员文化程度、专业基础和学习进度,分成基础、专修、研究三个层次,进行单科教学;二为老年高教系列,与高校联合办班,分本科、专科两个层次。两个系列的学制分为短训、二年、三年。各科修业期满、成绩合格者,颁发结业证书或荣誉毕业证书。

针对老年人的不同需求,推行老年普教与成人高教、长班与短班、校内与校外"三结合"的综合型教学体制,深入挖掘教学资源,是武汉老年大学合理配置教学资源的尝试性举措。学校设置有政文、美术、医学保健等学部,家政、电脑两个教研室和艺术院等。政文学部设有哲学、经济、法律、文学、历史、外语和现代科技等专业。美术学部的课程分书法类、绘画类、工艺类，还有医学保健、家政、电脑和艺术课程，能够满足老年人的社会需求。一些课程按初级（基础入门）、中级（专修）、高级（研究、研讨、创作）不同层次设置，并按各课程教学大纲进行规范教学。学校还组织学员和校友参加社会文化、科技交流以及各种社会服务活动，使各类教育资源得到充分利用。

（二）老年学校的专业设置广泛

据不完全统计，目前老年学校设立的人文社会科学专业有文学、史学、哲学、经济学、法学、社会学等，自然科学类专业有计算机、医学、心理学等，艺术类有音乐、戏曲、舞蹈、书法、绘画、摄影、手工艺等专业，还有一些交叉学科，如体育、保健专业。老年学校还根据老年人的需求，专门开设了家政、电脑应用等课程，门类比较齐全，各专业开设的课程达 100 多种。比较热门的专业开设了多种课程：文学专业开设有写作、文学欣赏、诗词创作等课程；书法专业开设正（楷）书、行书、草书、隶书、篆书等课程；国画专业开设有山水、花鸟、人物等课程；音乐专业开设声乐、器乐等课程；医学专业分为中医、西医两大类，课程门类开设较多的有中医药理、针灸、按摩、食疗、卫生保健等；电脑专业开设有电脑基础、图表制作、网络操作等课程；家政类开设了编织、服装剪裁、服饰装扮、烹饪、营养、社交礼仪以及花卉盆景、文物鉴赏等课程；体育类开设有武术、球类、棋类、健身操、风采表演等课程。这些专业课程的设置几乎涵盖了老年人需求的方方面面。①

老年学校专业设置十分宽泛，目前编写学校教材是老年教育的一项重要任务。有的学科比较完善，如书画教材，现已有不同层次的书法绘画教材。一些老年大学成立了教材编审委员会，聘请高等院校、科研机构、学术团体等热心于老年教育事业的知名教授、专家学者参与编写工作。老年学校教材由少到多、由低到高、由浅入深地向前发展，不仅数量有所增加，质量也相应地提高了。

① 刘雅婷.老年教育资源有效供给研究：基于上海市的实证调查［D］.上海：华东师范大学,2020.

二、家庭教育

家庭是社会的细胞,也是教育的场所。家庭构建的血缘亲缘之间的关系是教育的宝贵资源,同时也是人们享受闲暇时光、施展个性才华之所。家庭教育具有时代性和社会性。在政治、经济、文化、伦理等知识领域中,通过自我学习和互动学习,每个家庭成员在教育与被教育中获得双向传递的收获,增加家庭成员在生产与消费领域、生育与抚养领域、赡养与照料领域的知识存量,对提高家庭成员物质生活和精神生活质量的影响是极为深刻的。因此,家庭教育是学校教育和社会教育的基础。

无论是家庭成员对老年人进行教育,还是老年人对家庭成员进行教育,都是现代家庭双向传递教育功能的体现。要构建和谐家庭,老年人就要适应代际之间多元共体的复合型文化影响,就需要接受有关家庭的老年教育,了解家庭成员的共同性与差异性,能够求同存异,保持家庭的互补性与平衡性。家庭教育与老年教育同属于教育的范畴,家庭教育与社区教育、学校教育属于不同地域性教育,老年教育与中年、青少年教育属于不同群体性教育。老年人生活在家中的时间要长于其他群体,如果将教育作为可控变量,老年教育作为自变量,家庭教育作为因变量,老年教育的效果将直接影响家庭教育的成效,缺少老年教育的家庭教育易产生教育误区。

对传统血亲价值理念教育的反思。在传统农业社会,家庭致富主要靠劳动力数量和体力的付出,男尊女卑的观念一直延续下来,形成出生率高、重男轻女的情况。随着社会的发展和进步,对人口数量的控制,独生子女家庭与少子女家庭增多,使孩子的性别差异在淡化。但在一些农村地区,社会保障的缺位,重男轻女的状况仍在延续,造成性别差异还在扩大。现代社会的家庭正从供养型向情感型转变,从家庭保障向社会保障转变。过去结婚是为了生子,繁衍后代,养儿防老;现在这些事情都在发生变化,人们更重视婚姻生活的质量,从重生育到重培养,从重大家到重小家,从重亲子关系到重夫妻关系。与不少老年人持有传宗接代、养儿防老的观念相反,一些年轻人选择独身,或选择结婚而不生育的生活方式,有的还把老人和孩子视为家庭中的"第三者",出现丁克家庭在年轻一代中增多的现象,这对传统血亲价值理念提出挑战。由此产生的家庭代际之间的矛盾,导致亲属关系疏远,也使一些家庭的老年人感到苦恼和无奈。随着新的家庭生活方式和新的血亲价值理念对家庭教育和老年教育的影响，相关研究人员开始了新的探索和尝试。

现代社会老年人的生命得以延长，由此出现 2 到 3 代人同时处于老年期的趋势。传统社会代际间隔小，20 年为 1 代，100 年有 5 代人。现代社会由于晚婚晚育，代际间隔延长，25 到 30 年为 1 代，100 年有 3 到 4 代人。过去人的平均预期寿命为 50 岁左右，而现代人的平均预期寿命为 70 岁左右，发达国家和地区的人的平均预期寿命已达到 80 岁，老年人在家庭中生活的时间也相应延长了。现代社会，由于联合大家庭减少，核心家庭增多，已婚子女与父母同居时间缩短。许多老人退休后，失去了一些社会角色，又失去了大家庭角色，往往感到生活单调、枯燥和乏味。

现代核心家庭多为独生子女家庭和少子女家庭，老人的儿女大都已为人父母，既要忙于工作和聚会，又要抚养和教育孩子，使上有老下有小的子女心有余而力不足，不能经常去看望老人。目前老人的子女家庭多为双职工家庭，他们要参与社会市场的竞争，又要考虑子女的教育。年轻父母在孩子教育上，更愿意选择社会上的正规化、专业化教育，而不愿由老人带孩子，因为他们担心孩子的早期智力开发不足。人们重视规范教育，家庭中的部分抚幼功能、教育功能已由社会的托儿所、幼儿园、学校所替代。因此，老年人需要学会利用更多的闲暇时间，充实自己的生活。他们可以看电视、浏览网站、读书、看报，享受各种形式的精神生活。老年人平常与子女和孙子女分开居住，但周末大家庭聚会时，可以把自己学到的东西与大家分享，交流各种信息，使代际之间产生更多的共同语言，从而尽情享受天伦之乐。

对子女教育和隔代教育的反思。由于中国独生子女家庭的增多，孩子数量的减少，对于父母、祖父母、外祖父母而言，孩子是寄托亲情的"宝贝"，促使家庭伦理关系的重心由奉养亲代下移到抚养子代身上，孩子成为家庭的中心。爱幼有余，尊老不足，成为家庭的普遍现象。年轻父母对孩子的教育投入显著提高，对孩子的健康、游戏、智力开发，甚至是未来职业、婚姻选择都有一揽子重大规划，侧重于功利性目标，而忽视培养孩子的生活能力、交往能力、协作能力和抗挫折能力等综合素质。

从家庭的生活周期来看,第一个是年轻夫妇组成的新生期,第二个是子女出世后的核心期,第三个是子女成家后的空巢期,第四个则是老年夫妇在衰老中的解体期。从空巢期到解体期,是人的生命周期进入养老的重要阶段。尽管空巢家庭的比例逐年上升,但为了让子女接受更高的学历教育,支持年轻父母在市场竞争中拼搏,鼓励农村年轻人进城打工,还有许多老人甘愿担负着看护孙子女的任务,"隔代亲"现象在家庭生活中依然明显。

一些老年人认为,孩子的成长主要靠学校教育、社会影响,家庭主要是将孩子的身体搞好,忽视了家庭教育和家庭影响对孩子的健康成长的作用,结果在人生起点就拉开了孩子的差距。自古以来,家庭是孩子的第一课堂,父母是孩子的第一任老师。长期生活在一起的父母和祖父母以及兄弟姐妹的生活习惯、学习习惯、卫生习惯、政治思想道德品质,对孩子都起着示范效应和互动效应。长辈的言行深刻影响着晚辈,父母对祖(外祖)父母的态度影响着将来子女对父母的态度。如何使儿童健康成长,在家庭中受到最好的教育,也是老年教育的重要课题。

生活实践证明,老年人溺爱孩子的后果是严重的,溺爱孩子导致孩子不懂得尊重父母、长辈,有的老人已品尝到从小溺爱子女的苦果。有的子女被娇生惯养,成家后生活上不能独立,依赖老人的退休工资生活,老人的存折变成了小夫妻的"提款机";有的将老人作为家庭中不拿工资的保育员或钟点工,挤掉了老人的闲暇时间和社交、娱乐时间,使老人没有精力和时间学习;一旦老人患病,失去劳动能力,做子女的因工作忙而无法照顾年迈的老人;有的老人在弥留之际,家中还发生为抢占住房等遗产的子女大战。家庭中出现对老年人进行经济上的盘剥和精神上的虐待等现象,究其原因,还是老年人早年对子女的家庭教育出了问题。因此,老年教育的一个任务是学会教育子女,重视家庭品德教育,改变传统社会老年人一辈子辛勤劳动,只为给子女留下丰厚遗产的做法,要多给后代留下祖辈创业的精神财富,把孩子培养成对国家和社会有用的人。

对老年家庭生活方式教育的反思。在家庭中,老年人有获得物质帮助的权利和要求子女赡养的权利,老年人与家庭成员的地位是平等的,享有家庭保障与社会保障的权利。同时老人也有享受闲暇时间的权利,有进行社交、娱乐的权利，有不断学习、继续进步、发挥作用的权利。在老年家庭中，要改变传统家庭生活方式，不要把看孙子作为自己晚年生活的全部寄托，有条件的可以把孙子女送到幼儿园，让他们从小接受科学、规范的教育，并使自己拥有新的学习追求。生活节俭是老年人长期形成的好习惯，但不等于抑制家庭消费。老年人居家时间相对较长，是家庭消费的主要受益者，而且消费时又有"货比三家"的时间，因此可以有效提高晚年家庭生活质量。同时，老年人用自己劳动的积累，满足住房消费、家政服务消费、衣食住行的消费等需求，可以促进市场消费，拓宽就业渠道，推进老年产业的发展；老年人的医药消费、护理康复消费、卫生保健消费，可以提高老人自身的健康水平；老年人订阅报刊、收听广播、享受数字电视、上网浏览信息、进入老年学校学习，开阔了视野，接受了新鲜事物，能够实现更和谐的代际交流，老有所学的消费需求也会逐步增大；老年人接受老年人才交流中心的服务，利用自己的特长、专长继续向社会奉献；老年人在旅游、音乐、美术、舞蹈、体育等领域的消费，会使自身的晚年生活多姿多彩。

三、社区教育

现代社会的一个显著特征是社区的作用发挥得越来越大。社区教育是伴随中国改革开放政策而兴起的一项新型教育活动，是社会大教育系统中的一种教育形式。20世纪80年代中期以来，中国计划经济体制向市场经济体制转轨，企业转换经营机制，政府转换职能，"单位办社会"向社区服务转化，"社区建设"在中国兴起，社区教育综合学校教育、家庭教育和社会教育的功能，发挥其特有的整合作用。

老年人退休后，由"单位人"转为"社区人"。与其他年龄群体相比，他们在社区生活和活动的时间最长，对社区建设最为关心，对社区的归属感和认同感最强烈。因此，老年人的生活实践教育一般通过社区教育进行。在社区的居住时间越久，老年人接受的社区教育越多，老年人的归属感和认同感也越强。

老年教育是社区教育建设工程的重要组成部分。发展社区教育是提高社区居民整体素质与生活质量的建设工程，以促进社区稳定、和谐和持续发展为宗旨，以组织各种教育活动为内容的社区教育，是积极实施"科教兴国"

战略的对策之一。老年人是社区的重点保护对象,也是重点服务对象。社区教育促进老年教育的发展,使老年人在退休后,可以像其他年龄群体一样,就近参加各种活动,充分利用社区教育资源,包括图书馆、文化馆、艺术馆、科技馆、纪念馆、体育场、影剧院等公共场所,也包括社区教育基地、科研机构、学校、企业等一些机构部门的开放场所,使他们晚年有足够的接受教育的机会和条件。

改革开放政策为社区老年教育的发展提供了机遇。随着市场经济体制的建立、劳动人事制度的改革以及单位部分后勤福利的社会化,养老金的发放和退休人员的服务逐步进入了社区。老年人在学习和参与社区生活实践中,对社区老年教育的需求越来越大,这种需求为社区老年教育提供了发展契机,从而推动老年教育在社区的发展。社区教育以公共服务教育为主,国家环境教育、安全教育、健康教育、法律法规教育等制度和政策性教育都将通过社区对居民进行教育,这些内容的教育对老年人尤为重要。在城市社区的各级老年学校,要为普及社区公共服务教育发挥示范作用,让老年人及时了解国家的各项政策;在农村社区的各级老年学校,要让老年农民接受科教兴农、移风易俗等教育内容,使他们的生活质量不断提高,进一步推动城乡社区老年教育的发展。

社区建设与社区教育离不开老年人的参与。老年人的优势在于具有较多的社会经验和生活经验,他们具有自主学习精神和志愿服务精神。在和谐社区建设中,他们熟悉社区环境,努力维护和稳定治安秩序,协调人际关系,积极参与社区的民主管理,是社区建设中不可忽视的力量。社区老年教育是社区建设的组成部分,通常,社区老年教育由政府主导,涉老部门和文化教育部门承办,街道居委会和社会民间组织协办,采取老年人自我管理、自我教育和自我服务的办法。因此,引导老年人参与社区老年教育的发展,学会设定学习目标,学会制订学习计划,学会安排学习活动,学会选择教育资源,以获得健康的生活方式。

网络虚拟社区是老年教育的新领域。虚拟社区是相对于真实社区而言的,特指网络社区形态。大家在网上相处,突破了时间和空间的界限。这种彼此有共同的需求,利用现代信息技术,在虚拟活动空间交往,形成的网络社会关系,称为数字化网络生存方式。越来越多的老年人开通了QQ、微信、抖音,积极参与网络生活,进行学习知识交流、生活经验交流、思想情感交流。这种网络虚拟社区有许多家庭参与,有家长(群主),有家规(群规),有无数亲朋好友(访问者)。人们在网络上讨论公共议题,开展辩论,进行信息交流,并参与各种游戏、活动,涉及的内容和话题几乎无所不包,从文、史、哲、经、政到音、体、美、时尚,大家在此寻求精神寄托,为老年人开辟了社区教育的新领域。

四、远程网络教育

现代社会以信息化推动各项事业的发展,老年教育也不例外。20世纪90年代,人类社会进入了远程网络教育时代,无论是发达国家还是发展中国家,都搭建起全球教育信息化平台,构建了虚拟社会的学习环境。网络教育的兴起,改变了传统教学方式,教育领域更宽广,教育视野更开阔。采取远程网络教育方式,是使老年教育进一步适应人口老龄化社会发展的需要。

在中国广播电视远程教育普及的基础上,从1994年接入国际互联网,1995年向社会开放,提供全面服务,到如今我国已走过近30年的信息网络社会历程。在教育领域,网络教育已逐渐成为人们离不开的学习平台。中国远程网络老年教育的起步时间是20世纪90年代中期。在各地老年大学蓬勃兴起的形势下,借助信息高速公路的开通,"空中老年大学""网上老年大学"开始创办。网络信息日趋活跃,使老年网民逐年增多,为网络老年教育的开展奠定了良好的基础。

网上老年大学在整合远程教育资源中发展。从创办"空中老年大学"到创办"网上老年大学",从使用闭路电视系统、录像等教学设备和手段,到利用计算机光盘、网络教学,办成"远程老年大学",是老年教育不断发展的结果。1995年5月,上海老年大学、上海电视大学与上海市老龄委在全国率先联合创办了上海"空中老年大学",先后开播了老年卫生保健、老年社会心理、老年人权益的法律保障、老年家政、老年人科学健身、老年中医保健、老年公民道德等15门课程,每门课程平均有30万人次观看,为区(县)、街道(镇)发展老年教育创造了条件,并为兄弟省市老年大学采用。1999年,上海市又创办了"网上老年大学",开设了老年卫生保健、孙辈教育、柔情编织、唐宋词等课程,还有老年教育信息、老年学员优秀作品展示、老年咨询室等内容。学校积极开展国内外老年教育交流活动,先后接待日、韩、美、瑞典等国家和我国台湾、香港地区的友好人士来访。在市委、市政府的关心支持下,"空中老年大学""网上老年大学"的办学经费纳入每年的财政预算。2006年,"空中老年大学""网上老年大学"合并为"上海远程老年大学",开通了"上海老年人学习网"。2007年在居(村)委收视点中创建合格收视点、示范收视点,各区(县)还开办了养老机构学习收视点,努力将网站建设为学习型、互动型、参与性强的老年人乐园,并运用现代传媒手段开展老年教育,对全市老年人实行开放式、多样化的教育进行了有益的尝试。

2008年4月,天津市老年健康教育基地成立,依托天津广播电视大学,引进国内外先进教育设施,整合各行各业的营养师、健康师等人才资源,为老年人搭建健康知识学习平台,体现了远程网络教育的优势。

远程网络老年教育在与社区教育结合中发展。打破时空局限,利用远程网络教育与社区教育的双重优势,是各地老年教育实践中创造的新经验。1999年,江苏广播电视大学、江苏省老年大学协会、江苏省老年大学和江苏教育电视台联合举办江苏省空中老年大学,将远程网络老年教育与社区教育相结合,弥补了远程教育师生、学员之间不见面,缺乏交流沟通的不足,也弥补了社区点多、面广以及教学资源的不足。该校面向全省老年同志,特聘教育、文化、医卫界的资深教授、专家,开设了卫生保健、书法绘画、老年人学电脑、老年人权益保障、老年家政、日常英语口语等17门课程,约有30万老年学员收看学习。学校设立了学生档案,编写了配套教材,并进行作业讲评,举办交流活动,保证了教学质量;同时建立社区教育基地,统筹街道、行政村、企业、家庭学习网络,让老年人"有其学、优其学、乐其学、终身学"。他们的教育新举措,构建起空中老年大学多层次办学的框架,创造了更多的学习交流机会,进一步普及了老年教育。

积极参与远程网络老年教育工程建设。远程网络老年教育工程包括创办网校和网站,利用博客、电子邮件、QQ、微信等搭建老年教育平台,并形成相互连通的网络,使老年教育的发展更深入。

在各地老年远程网络教育发展的基础上,由中国老龄事业发展基金会主办的东方银龄远程教育中心于2007年9月正式面向全国开通授课。远程教育作为基金会的工程之一,标志着我国老年教育工作又上了一个新的台阶。东方银龄远程教育平台具备三大特色:师资更具专业性;办学更具灵活性;学科更加丰富多彩。该平台借助先进的信息技术和现代化的教学设施,开展远程语音视频直播,提供互动教学服务;同时依托北京地区各类高端教育资源量大质优的优势,特邀了一大批有专业造诣、谙熟老年人需求特点的客座教授,开设了适合中老年人学习研修的书法绘画、文艺体育、老年心理、医疗保健等20余门专业课程。在大课讲座方面,平台设置有"退休第一课""时政大讲坛""亲情故事会""民俗博世堂""点评《红楼梦》""艺术名家谈""理财新技巧""旅游新天地"以及"法律维权"等课程,能最大限度地为每个有学习愿望的中老年人提供科学知识和实用信息。

　　远程网络教育也需要加强管理。信息化需要以高度复杂的技术系统作为支撑,一旦系统瘫痪,教育就无法进行。远程网络教育同其他事物一样,其发展也有二重性,有正、反两方面的影响。信息在互联网上分散、无序、更新频繁,使信息的辨析、开发利用和分类管理十分艰难。同时,各种信息鱼龙混杂,真假难辨,又会使一些人落入陷阱而难以自拔。网络在给人们带来便利之时,也会带来麻烦。网络的负面影响包括病毒的困扰、网灾的发生,如电脑中的资料失窃,大型数据库被毁坏,会对工业、农业、国防、科技等行业造成重大损失。

　　因此,加强网络教育的管理、引导网络社会健康发展、维护社会安定和国家安全的问题,都是值得研究的大问题。世界科技发展的总趋势是不会改变的,传统思维方式将被国际通行法则、技术法则等新的思维方式取代,传统的乡土田园生活方式被高科技的智能生活方式替代。远程网络老年教育的发展,将给老年人带来全新的生活方式。尽管老年人受年龄的约束,出门远行难了,参与社会活动的机会越来越少了,但网络教育可以向老年人提供参与社会活动的各种机会,拓宽老年人获得信息资源的渠道。老年人经过反复学习、比较、鉴别,做出正确的判断,就可以把握时代的脉搏,思维的活力就不会下降,还可以在晚年挖掘潜能,做出更多的贡献。

第三节　国内外老年教育供给制度对比分析

一、中外老年教育管理体制的比较研究

（一）我国老年教育管理体制

中国老年大学协会发布的《中国老年教育发展报告（2019—2020）》数据显示，截至2020年底，我国老年大学（老年学校）的入学率只有3%，而老年人口增长率为18.28%。造成这种现象的原因一方面是受中国国情的制约，很多老年人对老年教育不接受甚至认为没有必要。中国地域辽阔，老年人口的分布有很大的分散性，一些偏远地区在目前还很难覆盖到。另一方面，中国老年教育的覆盖率低很大程度是因为中国多元化的老年教育管理体制的制约。这种体制导致我国的老年教育没有自上而下的职责统一的管理部门，而是由管理权限和管理性质不同的部门进行管理，这导致很多政策很难实施。

由于老年人口基数大，而且地区与地区之间、民族与民族之间存在很大差异，我国老年教育的模式呈现多样性，主体涉及较多的管理部门。对老年教育的管理定位和管理依据在很长的时间内比较模糊，老年教育管理的主体部门随着老年教育的发展在不断地变化。由于老年教育的对象以退休的老员工为主，所以老年教育的管理工作开始时便由老干部局负责。老年教育是老龄事业的重要分支，1983年国务院任命中国老龄问题全国委员会为处理中国老年教育问题的常设机构。随着老年教育的持续推进，老年教育面对的受众范围越来越广，所以我国在1995年出台了《中华人民共和国教育法》，明确了教育是老年教育的本质属性，决定将老年教育纳入教育部管辖。但是教育部的管理重点是学历性教育工作。随着人民生活水平的提高和人们对更好精神生活的渴望，国家对老年教育的定位逐渐突出了其不断开发的文化属性。1999年，文化部（已更名为文化和旅游部）全权负责全国老年教育中的非学历性教育工作。由于老年教育的多重属性和对老年教育的定位不够明确，我国始终未能建立老年教育专管部门，而是由多部门针对

老年教育的对口属性联合管理,这难免导致老年教育管理低效和混乱。

中国老年教育在具备教育属性的同时还兼备公益性,办学主体来源相对广泛。中国老年大学协会编写的《中国老年教育发展报告(2019—2020)》统计显示,截至 2019 年末,我国老年大学(学校)数量约为 76296 所。办学层次以县级以下办学为主,重心逐步下移。我国县级以下老年学校达到了70951 所,占老年大学(学校)总数的 93.0%,形成了省、地级市、县(市、区)、乡镇(街道)、村(居委会)均有老年大学(学校)的全方位、多层次、多形式的老年教育机构网络。公办的教育机构占据了极大的比例,所以在此后的发展中,在保证政府和公有单位持续做出贡献的同时,要充分挖掘私有单位和民办单位的办学潜力。老年教育多样化的办学主体,导致了管理体制混乱,很难形成统一的、成体系的行政管理系统。上、下级管理部门的职能不匹配,各地区之间的管理机构千差万别,老年教育管理机构之间的沟通无论是横向还是纵向都存在很大的障碍,各机构对老年教育的发展方向和支持力度相差很大,导致各地区之间的老年教育发展极其不均衡。

作为老年教育的承载主体,老年大学自建立以来一直未形成自上而下、分工明确的管理体系。中央对老年教育管理主体的不断变更,各地方适应程度和适应周期的差别,导致各地方的管理体制纷繁复杂。只面向退休员工的,归老干部局管理;被划入老龄事业的,归老龄委管理;突出其教育属性的,归教育部门管理;突出其文化属性的,由文化和旅游部管理。也有专门为老年教育成立的老年教育工作委员会,很多企事业单位也设立了老年教育管理部门。错综复杂的管理机构和主责部门各异的管理体制让我国很难建立一个最高决策部门去统筹协调和规划决策老年教育的走向。

(二)国外老年教育管理体制

相较于我国多元化的管理体制和过于分散的管理机构,国外的老年教育管理体制和管理教育具有更高的统一性和系统性。而且国外对老年教育的定位是老年教育是终身教育的一部分,老年教育的主管部门比较明确,所以老年教育发展的方向也比较明确。

在美国,老年教育的管理机构比比皆是。美国早在 1965 年就成立了老年教育的最高决策机构——老龄管理局,统筹和协调有关老年教育的各项问题。而且美国社区型的老年教育模式依托当地的高等院校,将社区作为教育的基本单位。这种点线面的辐射性教育模式,也便于美国对各种老年教育机构进行网络化管理。由于美国的老年教育管理机构众多,因此美国相应地建立了很多针对老龄教育的法律法规,完善的法律系统也间接地成为一种独特的管理模式,而且这种管理模式更具强制力和规范力。

德国是一个老年教育模式多元化的国家,德国的老年教育机构主要是老年大学和长者学院,管理的目标相对较少且针对性强,所以管理机构并未出现过多的管理紊乱的现象。德国的老年教育管理分工也很明确,老年大学的管理主要由大学继续教育中心负责,并为此制定了《大学法》来约束老年大学的运行机制。长者学院主要有两种形式:一种是出于公益目的的社会团体,另一种是为了获取商业利润的普通学校。针对后者,德国特意出台了《成人教育法》进行约束。在 20 世纪 70 年代,德国的每一个州几乎都建立了推进终身教育的法律保障机构,终身教育职责保障的任务由多个机构同时承担。联邦政府负责专业法律法规的制定和出台,各联邦州的文化和教育署负责其他的管理事务。德国相对集中的教育机构和明确的分工很好地避免了教育模式多元化带来的管理模式的混乱。

日本实行的是政府主导的、中央权力与地方权力相结合的老年教育管理体制,各地方的老年教育管理部门每年都要向国会递交《老龄社会白皮书》,汇报当地的老龄化事业的发展状态,这使得中央政府能充分监督地方政府,而且可以充分了解各地区的老年教育的发展状态,从而做出更科学合理的决策,合理配置资源,协调各地区间的发展。1978 年,日本文部省为老年教育事业编列专款预算;1988 年,文部省设立了终身学习局,全权负责日本老年教育事业的管理。由此看来,日本的老年教育管理体系也是相对完善和系统的。

二、中外老年教育制度支持的比较研究

(一)我国老年教育的制度支持

在老年教育的制度支持方面,我国的支持力度相对不足。我国缺乏完善的法律保障体系,针对老年教育的法律文件无论是在数量上还是在针对性上都尚待完善。

从我国老年教育法律法规的发展历程来看,我国的老年教育法律体系起步较晚,而且颁布的法律法规大多是为了明确老年教育的属性进而确定老年教育的管理部门。直到 2016 年,我国才颁布了直接针对老年教育的发展规划,所以我国对老年教育的法律支持力度是滞后的。[①]

在政府以及社会资金和政策支持方面,我国作为一个发展中国家,与发达国家的差距就更大了。由于我国人口基数庞大,老年人口众多,要想达到老年教育的全覆盖,必定需要大量的资金投入和政策倾斜,这注定是一个长期的过程。从目前来看,中国对老年教育的资金支持力度远远不够,大多依靠各地方政府对老年教育事业进行财政补贴,这导致各地区对老年教育的支持力度不均衡。据中国老年大学协会 2010 年统计,从老年学校的数量来看,经济发达的华东地区老年大学有 28465 所,占全国老年大学总数的66.2% ;而经济相对落后的西北地区老年大学仅有 914 所,占全国高校总数的比例为 2.1% 。从入学率来看,福建省比例最高,为 13.42% ;内蒙古最低,仅有 0.37% 。这种巨大的差距,一方面是因为地区间经济实力有差距,另一方面是因为地区的领导对老年教育的重视程度不同。另外,在多元化的办学体系下,办学经费的渠道多样,包括企事业单位自筹和营业外支出、政府财政预算和定额补贴、办学单位收取的学费、社会捐款等,虽然经费的来源广泛,但是在数额上却远远不足。很多地方政府并未把老年教育机构的办学经费列入财政预算,一些经济不发达的地方的政府对老年教育的财政拨款缺乏长久而稳定的投入。中国对老年教育的资助从中央到地方都严重不足。

(二)国外老年教育的制度支持

老年教育发达的国家往往也是相关立法完备的国家。例如美国是世界上成人教育立法数量最多、最完善的国家。通过完备的法律法规,美国建立了较为成熟的终身教育制度。美国早在 1965 年就制定了《高等教育法》和《美国老年人法》,法律规定图书馆等文化场所要面向老年人开放;1976 年又

[①] 冯馨. 初探老年教育供给侧改革的方向与保障机制[J]. 现代农业研究,2018(9):61 - 62.

制定出台了世界首部《终身教育法》。日本虽然没有具体的老年教育法律文件，但是有关老年教育的问题在各类老年法中都有所体现。2006 年，日本对《教育基本法》做出了修改，把终身教育纳入《教育基本法》，将日本的老年教育提高到了与基本教育并驾齐驱的地位，充分地支持和保障了日本老年教育的发展。1970 年是国际教育年，联合国教科文组织对老年教育的发展问题展开了激烈的讨论。德国受此氛围的熏陶成立了大学成人教育联邦工作组，负责老年教育的保障工作。随着老年教育工作的进一步展开，1972 年德国颁布了纲领性文件《终身教育》，把老年教育纳入终身教育范畴，并于 1974 年成立了第一所老年大学。随着老年大学的起步，德国纷纷出台《高等教育法》与《德国高等学校总纲法》，明确规定了高等学校必须对国民承担继续教育的使命，循序递进的法律法规保障了德国老年教育的可持续性发展。

以美、日、德为代表的发达国家经费资助来源同样广泛，均以国家政府拨款作为主要支撑。在美国，政府拨款和社会各界的捐款是老年教育经费的主要来源，而且政府拨款是定额拨款，每年都要求联邦和地方政府按比例出资。来自社会各界的捐助更是数不胜数，老年基金会、社会慈善组织都积极为老年教育提供捐助。德国的两大主要教育机构都有稳定的资金来源。德国老年大学的资金来源除正常收取的学费外，还有来自联邦政府的"置办工作岗位措施"基金、各地劳动局给失业人员再培训的预算经费、社会各界的捐款、欧盟的赞助以及各联邦政府的科研经费和老年项目经费。出于公益目的、以社会团体注册的长者学院除收取的学费外，还可以获得额外的财政补贴和税务减免。为了获得商业利益、以普通学校注册的长者学院主要靠收取学费。除德国政府本身的资金扶持外，还有来自欧盟的资助，如欧洲共同体和德国联邦政府的"家庭老人妇女青少年部"共同资助建立了欧洲的老年教育信息网络，推进了老年教育的信息化进程。日本在 1973 年正式为老年教育编列预算，并于 1978 年鼓励各地区为"高龄者人才活用事业"编列专款预算。据经济合作与发展组织的数据显示，截至目前，日本社会保障资金的 69% 都用于老年人的医疗和福利，充分的资金支持让日本的老年教育发展迅速，让日本成为老年生活幸福指数非常高的国家。

三、中外老年教育典型模式的比较研究

（一）我国老年教育的典型模式

我国老年教育的主要形式是老年大学。目前,全国各省、市都设有老年大学,同时面向所有老年人。社区老年教育发展也已初具规模,我国在社区老年教育基础上推行远程老年教育,社区老年人利用政府提供的公共设施进行活动,社区、居委会负责组织老年活动的开展与管理。老年远程教育大多由社区发起或老年人自行发起。老年人通过社区组织参与远程教育课程。例如,江苏省的"夕阳红江苏老年学习网"为当地老年人提供新的、更方便的学习平台,老年人可以根据自己的需要与爱好选择课程,也可以根据地理、文化、社会、民俗等方面的差异,自发组织不同内容的活动,具有很强的开放性。

我国的老年教育课程以休闲娱乐为主,课程内容包括瑜伽、健身操、太极拳、舞剑等休闲保健类,以及书法、绘画、合唱、舞蹈等兴趣培养类。形式上多是组织老年人晨练、举行公益性质的文艺会演、进行思想政治教育等。通过网络进行学习的形式在社区老年教育中得到广泛推广,老年人有更多的时间选择课程类型,学习更加自由。

（二）国外老年教育的典型模式

国外的老年教育形式各具特色,主要包括社区式的老年教育形式、普通高校中的老年教育形式以及老年学校。社区式的老年教育形式在发达国家应用广泛,以美国为典型代表,美国把当地的大学作为教育设施,为周围社区的老年人提供老年教育,与之相似的日本的公民馆,是最常见的用于老年教育的设施。普通高校中的老年教育是依托高校的硬件设施以及师资资源向周围老年人提供老年教育,例如芬兰的第三年龄大学、老年大学,其中的开放大学是远程教育的一种,美国、英国等国家都设有开放大学。

国外的老年教育课程形式多样、内容丰富。许多老年机构为了满足老年人的精神文化需求,开设了不同形式的老年课程,形成多元化的课程体系,主要包括高校老年教育、第三年龄大学、旅游教育、社会实操教育等。高校老年教育由专门从事老年教育的机构管理,注重老年人专业水平的培养,目的是提高老年人的生活质量。高校老年教育有完善的课程体系和学分制

度。第三年龄大学多以高校为依托,向老年人提供学习的场所,一般没有学历要求,不授予学位。除了一般的学习方式,第三年龄大学还开设了休闲旅游教育课程,该课程通过组织老年人游览国内外的名胜古迹,或举行野外郊游活动,以旅游的形式让老年人保持愉快的心情,开阔视野,领略不同的风土人情。社会实践教育形式又分为室内实践活动教育和社区实践活动教育,室内实践包括护理、瑜伽、烹饪、应急治疗,以及生活技能教育。社区实践教育主要包括公共表演、社区服务、运动教育,以及老人自助与互助等活动形式。国外的老年教育课程内容普遍包括退休前的准备教育、最后的死亡教育,目的是使老年人以正确的态度面对退休后的生活。其他课程内容多是为了丰富老年人的生活,满足老年人的需求。国外的老年教育课程同样注重老年人的社会参与,一些教育机构会向学员提供培训团体领导者的课程,负责老年活动团体的组织与管理,典型的是日本的"世田谷式"的老年大学。一些国家的教育机构也为老年人提供职业培训,帮助老年人再就业,例如韩国的大学附属终身教育院。

四、中外老年教育供给模式的比较研究

(一)我国老年教育的供给模式

我国的老年教育以政府为主导,多方参与。从数据可以看出,我国大部分老年大学都由政府参办。其他参办主体还包括高等院校和科研院所、国有企业、社会组织等。目前,我国的各个省份都设有老年大学,由政府提供资金与政策支持。一些经济发展较快的城市都已建立起中心城市区、县(市、区)、乡镇(街道)、村(社区)的四级网络,形成广泛的覆盖领域。地方政府通过以社区为单位向老年人提供老年教育设施,组织老年人活动。此外,政府也在加快农村老年教育的推进,逐步增加农村老年大学的数量,利用网络、电视等工具进行远程老年教育,扩大老年教育的辐射范围。同时,政府不断加快老年开放大学的建设,推进远程老年教育的普及。

(二)国外老年教育的供给模式

国外老年教育的办学主体多样,包括政府、社会组织以及私人团体。政府投资参办老年教育,典型的国家是日本。日本的老年教育以政府投资为主,包括福祉行政部与教育行政部参办的老年大学,不同办学主体的老年大

学的主要功能也有所不同:前者注重老年人的能力培养;后者注重老年人的生活娱乐。与之相似的还有韩国,韩国的保健福祉部负责运营老年福祉馆和社会福祉馆,教育部负责运营终身学习馆。社会组织参与创办老年大学,包括专业教育机构、非营利机构、志愿者团体、宗教团体等,这部分老年教育多以自助自治的方式进行运营。韩国是办学主体多元化的国家,老年组织、社会志愿团体、宗教团体等都参与老年教育的创办。私人团体也参与创办老年教育,主要包括由老年人自发组织的老年教育,如美国的社区老年大学、日本的长寿学院。

国外发达国家的老年教育具有广泛覆盖性。例如,美国重视地区老年教育的均衡发展,社区式的老年教育覆盖广泛。同时,开设了不同形式的老年教育机构,弥补了高校依托型社区教育覆盖不全面的缺点,使老年教育的覆盖范围更加广泛。日本针对不同的地区,开设了不同服务范围的老年教育,密集型老年教育主要针对都、道、府、县或大都市等地区当地市民,广域型老年教育主要针对在市、町、村或区级及周边地区的一般市民。

五、我国老年教育模式存在的问题

我国的老年教育理论是借鉴西方的理论体系实践与发展出来的。相较于西方的理论体系,我国的理论体系并不完善。虽然研究者一直在推广西方的老年教育理论,例如权利理论、终身学习理论、社会参与理论,但这些理论在老年教育方面并没有得到很好的落实,老年教育的取向一直保持在丰富老年人生活这个方向上。

我国老年教育形式单一:以课堂授课为主,缺乏实践性课程。课程体系仍不完备:缺少相关理论基础,很少有死亡教育方面的内容。老年教育的课程主要是健身活动与兴趣培养课,内容多是健身娱乐,有关专业知识课程只占很少一部分,老年人力资源开发等内容和形式被忽略。老年教育没有正视教育对老年人社会环境适应能力提升和潜能开发的价值,社会对老年群体的价值认同程度不高,老年人对自我价值认识不到位,使教育功能被狭义化。老年人参与社会活动的频率不断减少,老年人的自我、社会价值难以真正实现。

第四章　学校老年教育改革与发展研究

老年大学是为老年人提供终身教育的主要载体,但老年大学供不应求的新闻仍屡见报端。目前我国已有一百多所高校依托校园设施环境举办老年大学,这些老年大学一般位于高校校园内,直接利用高校本身的场地资源进行整合使用,但实践情况却差强人意。中国特色社会主义进入新时代,高校开展老年教育已成为新的趋势,这也是提高老年教育质量的重要举措。

第一节　高校开展老年教育的社会逻辑

一、高校开展老年教育的必要性分析

(一)高校开展老年教育是老龄化社会发展的必要举措

近年来,从中央到地方各级党委和政府对老年教育日益重视。2015 年,"十三五"规划首次将发展老年教育上升为国家发展战略。2016 年起,国务院陆续出台了《老年教育发展规划(2016—2020 年)》《国务院办公厅关于全面放开养老服务市场提升养老服务质量的若干意见》《"十三五"国家老龄事业发展和养老体系建设规划》《国务院办公厅关于推进养老服务发展的意见》等文件。这些文件不同程度地强调要利用高校资源开展老年教育,因此利用高校资源开展老年教育不仅是老龄化社会发展的必要举措,更是国家发展战略。

(二)高校教学资源有效整合是破解老年教育困境的必要举措

目前,一些高校地理位置相对偏僻,部分专科学校、成人学校或民办高校招生不足,导致教育资源闲置或浪费;地理位置优越的中心城市高校,也存在一定师资、"教舍"设备闲置,尤其是寒暑假、周末或晚上教学资源利用率不高的问题。然而,老年教育发展却陷入教学资源严重匮乏的窘境,使老

有所学成为一种奢望。因此,对高校教学资源进行有效整合,提高综合利用率,是促进老年教育发展与社会平衡的必然要求。①

(三)高校释放教学资源是打破老年教育单一性的必要举措

近年来,我国老年教育虽取得较快发展,但却呈现资金投入不足、教育机构少和覆盖面单一的特征,直接导致教学资源供给不足,受众范围狭小,严重影响老年教育的均衡发展与社会公平。高校开展老年教育,可有效突破这种单一性,使老年教育呈现出投入、场所、师资与受众多元化,开辟老年教育多种教育资源共享、多元人群参与的发展新局面,真正实现老有所教、老有所学、老有所乐。

二、高校开展老年教育的现实性分析

(一)高校数量多、分布广,利于与老年教育资源整合

我国高等教育经过几十年发展,已呈现出数量多、分布广、学科全、层次明的良好局面。教育部统计数据显示,截至 2020 年 6 月,全国高校数量达到3005 所,其中:高校 2740 所,成人高校 265 所;每个地级市平均拥有 10 所以上高校,每个地级市基本上拥有 1 所本科院校与 1 所以上高职(专科)院校。高校学科齐全,教学科研力量雄厚,且涵盖了老年人喜爱的戏曲、书法、绘画、文学等多种学科。现有老年教育机构数量少、办学水平参差不齐,且农村老年教育几乎"荒漠化"。因此,有效利用、释放高校资源与助力老年教育发展间存在着深度整合的可能性与现实性。

(二)高校优质、丰富的师资可为老年教育提供用之不竭的智力支撑

高等教育是我国教育体系中学术性最强、最前沿、最权威的部分,拥有稳定的、高水平的师资队伍。数据显示,截至 2019 年,我国高校专任教师达174 万人,所涉及的学科、专业门类广泛。高校教师对老年教育大多抱有积极心态,只要政策加以引导,就会积极投身老年教育。一支高素质、高效能的师资队伍,对提高老年教育教学质量、推动老年教育事业发展至关重要。而现实中老年教育师资状况却不容乐观,存在专任教师少、数量不足、缺少

① 王凤民,江继荣.关于高校开展老年教育的若干思考[J].黑龙江教育(理论与实践),2022(2):55 - 56.

相关资质认证、流动性大等问题。因此,无论从数量、学科专业分布还是职业特征等角度分析,高校教师都是缓解老年教育师资紧缺状况的资源,这也存在着现实操作性和可落实性。

(三)高校教学设施与设备可助力老年教育办学水平快速提高

近年来,中央和地方对高等教育投入持续增加,各种硬件设施与软件环境不断改善,很多高校建设成为国家级或省级文明、科技、智慧校园。相比之下,老年教育却存在办学场地与办学规模小,设施、设备缺乏,教育教学智能化程度不高等问题。将高校硬件、软件资源用于发展老年教育,不仅有利于提高利用率,还可以缓解老年教育投入不足和重复投入的问题,更能高起点助力老年教育办学质量与水平快速提高。

(四)高等教育发展现实倒逼高校转型

如前所述,高等教育快速发展,产生了有些高校生源不足、校舍空置、教师赋闲等客观情况。这些高校何去何从,如何继续生存并发展,如何有效整合这些优质教育资源是不可回避且必须解决的问题。国家可制定政策鼓励、引导这些高校利用现有资源开展老年教育,或整体向老年教育转型。如此,既可有效整合、利用资源,又可强化社会综合治理,促进社会和谐发展。

三、高校开展老年教育的社会逻辑分析

(一)社会呼吁:构建服务全民终身学习的高质量教育体系

2019年2月,中共中央、国务院印发《中国教育现代化2035》,将"构建服务全民的终身学习体系"作为实现教育现代化的十大战略任务之一。党的十九届四中全会提出"推进国家治理体系和治理能力现代化"的总体要求和目标,将教育提升到国家治理的高度,进一步强调"构建服务全民终身学习的教育体系"。党的十九届五中全会通过《中共中央关于制定国民经济和社会发展第十四个五年规划和二〇三五年远景目标的建议》,明确了"建设高质量教育体系"的政策导向和重点要求。"高质量教育体系"是坚持以人民为中心的教育的必然要求,也是"十四五"发展新起点上实现教育现代化2035目标的关键举措。建设高质量教育体系的根本在于满足人民对于高质量教育的需求。"十四五"期间建设高质量教育体系要对标服务全民的终身学习体系,要求关注各个阶段的教育,并将高质量的教育惠及全体人民,而高质量的教育体系离不开系统化的人才培养模式、教学模式及管理模式等。高校具有校园文化底蕴、良好的基础设施、高水平的师资队伍、丰富的信息化教育教学资源等,是构建服务全民终身学习的高质量教育体系的重要力量。老年教育是终身学习体系的组成部分,是促进老年人与社会共同发展的重要途径,高校服务老年教育是老龄化社会的重要担当。

(二)内在诉求:高校破解时代发展困境,提升办学地位

从 1970 年至 2021 年,我国高等教育毛入学率呈现显著增长趋势:从 1970 年的 0.06% 增长到 2021 年的 57.8%。2003 年我国进入高等教育大众化阶段,2019 年迈入高等教育普及化阶段。高等教育的大规模发展离不开社会经济和人口发展的综合影响。随着老龄人口增多,高校将面临年轻学生数量减少的问题。此外,人口老龄化也可能产生新的职业或岗位,如何培养岗位所需的人才,也是高校面临的重要问题。高校开展老年教育,有利于开展对年轻学生的教育,例如:消除年轻学生对老龄化的偏见与歧视;增强年轻学生的社会责任感,使学生深入了解养老服务、老年教育、社区教育等相关职业岗位的知识、技能和能力的要求;推进相关专业的发展。高校可以深入地开展老龄化社会相关议题研究,发挥科学研究和社会服务功能,加快提升办学地位,突出在该领域的研究优势。

(三)国际经验:全球有 66 所高校发展为老年友好大学

国际上已有一些普通高等学校发展成为老年友好大学。老年友好大学是 2012 年由爱尔兰都柏林城市大学提出的,它基于高校既有的设施,结合老年人的身心特点,为老年人提供教育、职业发展、文化演出、保健等多种类型活动。截至 2020 年 12 月,全球已有 66 所普通高等学校加入了老年友好大学全球网络,其中:美国 42 所,加拿大 8 所,爱尔兰 8 所,韩国 2 所,英国 1 所,澳大利亚 1 所,新西兰 1 所,荷兰 1 所,斯洛伐克 1 所,斯洛文尼亚 1 所。老年友好大学包含 10 项原则,其中:原则三是"认识到老年群体的教育需求范围(从较早离开学校的人到希望攻读硕士或博士学位的人)";原则四是"促进代际学习,增进各年龄段学习者分享专业知识";原则五是"扩大老年人在线教育机会,确保参与学习途径多样化"。

在老年友好大学的原则中,折射出以下三方面特征:第一,高等学校并没有将老年人视为一类特殊群体或者弱势群体,重视老年学习者多样化的学习需求,尤其是接受本科教育及研究生教育的需求;第二,高等学校重视老年人积累的知识、能力及经验的价值,通过老年人与年轻人之间的代际互动,促进相互理解,达成双赢;第三,高等学校并没有将老年人排斥在在线教育之外,而是重视信息技术的应用,在教育供给方式上增加老年人在线教育的机会。国际老年友好大学的经验能够为我国普通高等学校开展老年教育提供借鉴。

第二节　高校开展老年教育的现实困境

尽管高校开展老年教育具有重要的理论意义,但在实践中仍然存在诸多的问题,主要表现在以下三个方面。

一、全社会积极老龄化的理念亟待增强

在人口老龄化的背景下,世界卫生组织提出"积极老龄化"的倡议,积极老龄化强调"健康、参与、保障",鼓励老年人通过继续学习、发展能力、自我实现等内向性活动提高生命质量,通过继续就业、志愿服务、照料他人等外向性活动为社会经济发展做贡献。积极老龄化替代了过去的消极老龄化观念,成为全球的共识,也是老龄化社会的核心价值取向。老年人不再被看作社会的负担,而是具有社会资本、经验传达和文化传承等方面的优势,可以作为丰富的社会资源继续为社会发展做贡献。相关研究表明,在积极老龄化理念中,相关群体对"参与"的理解还不够深入。从老年群体自身来看,"参与"更多停留在志愿服务方面,而继续就业意愿明显不足。乔爱玲等以北京市 2500 位老年人为样本,调查互联网时代老年群体终身学习现状,发现老年群体参加终身学习的内容多样化。其中,健康养生、时事新闻与政策和音乐艺术相比于就业创业类、新型科技类、职业技能类、专业知识和技能类学习内容,更受老年群体的欢迎。从整个社会来看,2018 年辽宁省发布的《辽宁省人口发展规划(2016—2030 年)》中提出要支持老年人才自主创业。但是此观点一经提出,受到社会的广泛争议:有人认为这是对老年人退休福

利的一种剥夺;而且部分劳动者认为鼓励老年人再就业存在老年人与年轻人争利的问题。因此,社会对技术型或者知识型的老年人及其再就业问题的重视程度还很不足。

二、高校自身所承担的办学使命之间的博弈

改革开放以来,我国高等教育飞速发展,高等学校规模明显增长。高等学校肩负着人才培养、科学研究、社会服务、文化传承的职能。在实践发展中,高校对人才培养和科学研究的重视程度显著高于社会服务。在人才培养方面,高校一直都被认为是培养面向未来的年轻人的场所。未来是属于年轻人的,而国家和民族拥有怎样的未来,取决于今天给予他们什么样的教育。适龄的年轻人积极地参加高等教育的入学考试,形成"千军万马挤独木桥"的局面,而高龄者受到入学选拔制度的约束,被排斥在高校校园之外。①在社会服务方面,2015 年,国务院印发了《统筹推进世界一流大学和一流学科建设总体方案》,建设"双一流"成为我国高等教育改革的重要发展战略。在《统筹推进世界一流大学和一流学科建设实施办法(暂行)》文件中,提及的遴选条件在"社会服务方面"特别强调科技贡献,提出"产学研深度融合","科研成果转化绩效突出","为国家和区域经济转型、产业升级和技术变革、服务国家安全和社会公共安全做出突出贡献"。对社会人口结构性变革而产生的社会问题重视度明显不足。目前只有较少的高校设立了社会学、人口学等相关的专业,开展了老年人口方面社会问题的研究,但研究力量还十分薄弱,为老龄化社会和老年教育的发展提供的智库支持十分有限。

三、高校缺乏相关机制,导致多元协同不力

目前我国已有一些高校依托校园设施环境举办老年大学,如上海交通大学老年大学、上海师范大学老年大学等。这是老年教育的重要形式,但还存在诸多体制、机制问题。

第一,许多高等学校将老年教育定位为公益性服务,并未将老年教育纳入学校的整体发展规划中。高校老年大学通常由离退休处负责管理,面向

---

① 杨德广.普通高校的继续教育应着力发展老年教育[J].终身教育研究,2017(6):23 – 31.

本校的退休教职工开展闲暇文娱内容的教学活动,在教学组织上是基于传统的面授教学活动,老年学员与全日制的年轻学生之间的教学活动割裂开来。老年人如果走进全日制学生的课堂,会被视为很奇怪的现象,即使学校为老年学员开辟单独的学习教室,也会出现老年群体与普通学生之间的教学活动冲突。例如上海师范大学的同学反映,有时候在上课期间能听到歌声或是乐器声音,这容易让他们在上课期间分神。

第二,由于缺乏相关的学分积累、认证与转换机制,高校老年大学的学员过往的学习经历、工作经验、工作技能、技术创新、技术成果等方面的资历都没有得到认可,未能发挥老年人力资源应有的价值。

第三节　高校开展老年教育的发展策略

高等学校融入老年教育,是围绕构建服务全民的终身学习体系进行改革、发展和创新的重要方向,也与国际上的老年友好大学的行动倡议一致。针对我国的国情,下文将从宏观、中观和微观三个层面提出高等院校融入老年教育的发展策略。

一、宏观层面——树立服务老龄化社会的使命

通过对老友年好大学全球网络的高校主体进行分析,我们发现这些高校主要集中在美国、加拿大、英国和爱尔兰等国家,且为公立普通高等学校,这体现了这些高校对社会服务功能的重视。世界一流大学并非只关注高素质人才的培养以及创新性学术成果的研发,也十分重视社会服务职能,主张利用大学自身及所在区域的各种资源,通过多种途径来服务当地公众、整个社区、国家乃至其他国家的人民。我国高校在完成高等教育普及化的使命之后,更要关注终身教育,以服务全民终身学习的高质量教育体系建设为理念,推动全校教职员工及年轻学生转变观念,关注和服务高校周边的社区,开展老年教育。需要指出的是,高校开展老年教育,并不是改变原有高等教育的使命,也不是变革高等教育的生态体系,而是基于既有的资源,为老年群体适时、适当、适量地提供非正规教育和非正式学习的机会,加快推进我

国教育现代化目标的实现。

二、中观维度——注重实施逻辑,进行分类指导

(一)开展科学研究,重视基础规律

高等学校可以发挥自身科研优势,鼓励教师和年轻学生参与老龄化社会的研究,尤其是开展老年学习方面的基础规律研究,主要包括两个方面。一是老年学习基础理论的研究。近年来,老年教育研究增多,但是老年学习理论研究滞后,很多研究的分析框架还停留在马克拉斯基提出的五个层次的老年学习需求,明显滞后于互联网时代老年学习的特点。二是老年学习环境构建研究。老年学习环境影响着老年学习的成效和质量。当前已有的研究大多停留在物理环境的无障碍性方面。在互联网时代,如何消除老年人的数字鸿沟这个问题亟待高校发挥智库作用寻求有效方法来解决,为老龄化社会发展提供科学、可靠的依据。

(二)完善制度设计,促进个人发展

目前,我国高校有严格的招生选拔制度。从国际上来看,瑞典取消了大学的入学年龄条件,全国的高等学校都对老年人开放,这就使得瑞典的老年教育与正式高等教育相互融合。老年学员在瑞典高校中的比例很高,其中:55 岁以上的老年在校生的比例为 20% 左右;65 岁以上的老年学员的比例为 10% 以上。老年人可以进入高校跟班学习,按规定获取学分并取得相应的学位证书。[1]

在日本,以日本放送大学为例,主要面向老年群体提供学历教育和非学历教育。日本放送大学提供的学历教育不仅包含专科、本科,也包含研究生阶段教育,满足了不同层次的老年学习需求。

在我国,高校可以探索为老年群体开展灵活多样的非学历教育,同时也可以探索试点开展老年学历教育。学历教育体系能够制订规范的人才培养方案,指导学时安排、学分安排等,系统地规划教学组织活动,能够保障教学质量。老年学习者完成学业后,可以获得相应的学位和学历证书,满足学习

---

① 单奕.依托高校开展老年教育的探索与思考[J].吉林省经济管理干部学院学报,2016(3):75-76.

者实现更高层次价值的需求。

（三）开展混合教学，优化教学管理

以互联网为核心的信息技术，对人们的社会生活方方面面都产生重要影响。越来越多的老年人接受信息技术，具备一定的信息技术的使用能力。信息技术已经成为促进老年群体终身学习的重要因素。许多老年人具备了开展基于网络学习的硬件设备，也倾向使用互联网开展正式或非正式的学习。高校可以改善校园环境和调整教学安排，为老年人敞开校门；可以发挥信息技术的优势，增加老年人在线教育的机会，使得老年人可以自主地选择学习方式。高校可以依托大数据和学习分析技术，为老年学习者提供个性化推荐和跟踪评价以及清晰的学习路径，促进老年学员自主学习，并建立自己的知识网络。

（四）提供丰富资源，引入多元主体

老年大学是老年群体终身学习的主要载体，主要关注老年人的健康和兴趣爱好，开设的主要课程是书法、绘画、音乐、戏曲等艺术类课程，整体来说，缺乏针对社区老年人特征和学习需求的课程设计和内容，也缺乏对老年群体人力资源的开发与利用。一方面，高校可以依托自身师资力量优势，考虑年龄的包容性，开展多样化的课程，如志愿服务类课程、专业技能培训、生命回顾、心理健康等课程，满足新时代老年人多样化的学习需求。另一方面，高校可以充分考虑每一个老年人具有的丰富生活经验和阅历，将他们视为知识网络和社会关系网络中的重要节点，鼓励他们参与到教学资源、课程的建设中，成为知识的贡献者。

（五）构建互动社区，满足情感需求

构建良好的社会关系网络对老年人来说十分有必要，高校可以构建线上与线下相结合的互动社区。在线上，教师可以帮助老年人建立课程 QQ 群、微信群，形成学习社群；根据不同小组的进度差异，有针对性地辅导，增进老年学习者与教师、同伴之间的交流。在线下，教师可以通过面对面的形式开展辅导与实践教学活动，鼓励学生为老年学习者提供志愿服务，邀请老年人给年轻人分享积累的知识和经验。例如美国中康涅狄格州立大学启动了"合作：学生/老年人代际交流"（working together：inter-generational student/

senior exchange,简称 WISE)项目,老年人和大学生可以通过小组讨论共同的话题,如人际关系、技术、财务等,增加学校与社会及社区的联系。学校还开展了"生活学者:演讲者系列"(scholars for life:speaker series)项目,社区居民和教职员工只需支付少量的会员费,就可以听各种主题的专家讲座。美国拉塞尔学院开展了"与年龄对话项目(talk of ages program)",让老年人与年轻人开展代际交流,涉及的主题包括领导力、意识、课堂动力、年龄歧视等话题,促进不同年龄的学习者交流专业知识,减轻对老龄化的负面态度。学校还专门开设了代际交流的课程,鼓励学生对居民进行采访,涉及的主题有战时经历、人际关系、家庭结构等。除此之外,学校还设计了老年同伴之间的合作项目,如根据兴趣组建的绿色团队(关注环境问题)和国际事务小组(关注全球问题),充分调动了老年人的学习积极性。

三、微观视角——以具体项目为抓手持续推进

高校开展老年教育要以项目为抓手,对项目进行设计、评价和改进,进而不断更新,持续推进。

(一)探索多元合作,打造特色项目

高校具有完善的课程设计与开发体系和学习支持服务体系,具有多学科的师生力量,可以探索校内不同学科、不同教师之间的合作,开展跨学科研究、教学及项目合作,形成智库支持;也可以与其他高校、校外老年大学、老龄服务机构、企业等多主体开展合作,为老年学习者提供灵活多样的学习资源,提供优质的"课程超市"和灵活的、个性化的学习支持服务,满足老年群体多样化的学习需求。

(二)把握自身优势,开展项目设计

不同高校在计划、服务和实施的过程中会有所差别,所处的社区环境对高校的实践会产生一定的影响。高校应结合自身的地理位置、社会环境、硬件设施、软件资源条件等,因地制宜,发挥自身优势,形成品牌项目。高校如果具有医学、社会学、运动与健康学等专业,可以围绕这些专业,与社区合作,开展相关的互助活动及交流的项目。高校所属社区如果有一定数量的具有高级技能、高级职称的退休人员,则可以邀请这些老年人定期开展讲座,分享他们的宝贵经验,增进年轻学生对老龄化社会的认识。

（三）深化项目评估，推动持续发展

高校开展老年教育的尝试，是老年大学在管理方面的创新，但目标的实现不是一蹴而就的。高校对精心设计和开展的项目，需要定期开展项目评估。项目的评估是重要的反馈环节，有助于对项目进行监督、改进和评价。项目评估是有依据的，能够明确改进方向。在项目的不断迭代中，高校沿着目标逐步推进并成为一所老年友好大学。

高校开展老年教育，并不意味着高校要弱化其他职能以提升社会使命，也不要求高校遵循同样的发展路径，而是要结合高校的特点，注重协调，才能整体推进整个社会形成积极老年化的观念，建设高质量的服务全民的终身学习教育体系。

第五章　社区老年教育改革与发展研究

随着我国进入老龄化社会,老年教育供需矛盾日益突出,许多地方出现了老年教育"一座难求"的现象,亟须找到破解的思路和办法。随着终身教育理念的普及以及国家"积极老龄化"战略的实施,社区老年教育已成为我国发展老年教育事业的重要载体与基本形式。社区老年教育因其便捷性、成本低、可及性和灵活多样的教育内容与教学形式,受到越来越多老年人的青睐。同时,社区教育的发展和社区养老服务体系的建设,也为社区老年教育的发展提供了新的思路和途径。

第一节　社区老年教育的现状

社区老年教育,是指在社区中面向老年群体开展的教育活动。它包括社区老年学校教育和借助社区内有关资源开展的老年教育形式。因此,社区老年教育既是老年教育的重要形式,又是社区教育的组成部分,也是社区养老服务体系不可或缺的一部分。发展社区老年教育,不仅有利于拓宽老年教育的途径,而且有利于提高社区教育的服务水平,同时,对于促进社区养老服务体系的发展也具有积极意义。

一、社区老年教育的内涵

(一)社区老年教育的定义

关于社区老年教育的定义,我们可以从"社区"与"老年教育"的概念进行分析。"社区"是指聚居在一定地域范围内的人们所组成的社会生活共同体。目前,"城市社区"一般是指经过社区体制改革后做了规模调整的居民委员会内辖区。

所谓社区老年教育,是指以社区为特定场域,以55周岁及以上的老年人为特定对象,所开展的教育、培训、交流和有组织的学习活动的总和。其宗旨和目的是提升社区老年人的素养和生活质量,丰富老年人的精神文化生活,满足老年人社会交往的需要。它是目前我国老年教育中老年人所占比例最高、覆盖面最大、学习最便捷(家门口就近入学)的基层教育形式。①

(二)社区老年教育的特征

社区老年教育既有社区教育的特征,又有老年教育的属性。除了教育对象的老龄化、教育原则的自愿性等共性特征外,它还有如下几个特征。

1. 教育目标的多向性

中青年人学习是为了充实知识、提高技能,从而谋取更好的工作、生活机会;社区老年人学习的目的更多的是充实精神生活、提高生活质量和自我完善,其社会功利色彩较淡。同时,老年人有各自不同的文化基础、生活经历、学习需求,老年教育不像其他类型的成人教育一样进行高度专业化的划分和严格标准化的评价,而是注重教育内容的适应性,即侧重教育性、娱乐性和生活化。从社区内老年人的学习意向来看,健康是他们普遍关心的问题。因此,课程与活动的设置应该更具有享受性和活泼性。

2. 教育群体的邻里性

社区老年教育是"家门口的教育",其邻里性包括两层含义。一是交通无障碍。从家里到学校去很方便,受天气及路况影响小。二是交往无障碍,即传统的友情因素。我国历来就有"远亲不如近邻"的说法,邻里情感甚至超过兄弟姐妹、亲戚朋友,往往更直接、亲密,是老年人参与学习、热爱学习、坚持学习最重要的社会支持因素之一。

3. 教育组织形式的包容性

由于受到老年人的家庭条件、身体情况、个人喜好以及年龄的影响,社区老年教育的组织管理不宜采取学校教育的高度纪律化和组织化的管理模式。社区老年教育,无论在学习时间、内容上,还是在教学方法或学习方式上,都应适应老年人的特点,充分尊重他们的个性,最大限度地满足他们的

---

① 李忠乐.浅析社区老年教育的内涵与发展[J].老年教育(老年大学),2021(12):28-30.

需要。社区老年教育,相对于院校式的结构性学习,更多的是实务推展式的非结构性学习。例如:授课内容可能不是完整的理论体系,但丰富生动、易于实践,对老年人的日常生活有所帮助;上课时间有早有晚,但灵活、便于操作,老年人可以根据自己的具体状况选择不同的时段参加学习;教学周期可能长短不一,让老年人能够在闲时走进课堂、在忙时回到家庭。

(三)社区老年教育的功能

1.学习创新功能

老年人的生理机能逐渐衰退,其学习能力有所下降,但可以通过社区老年教育,对以往的知识进行补充和提炼,形成新的知识,从而重新参与社会,为社会做出新的贡献。

2.健康调适功能

老年人从"社会人"变成"社区人",逐渐脱离社会活动以后,其社会角色定位发生变化。同时,由于家庭代际结构发生变化,老年人在家庭中的角色定位逐渐被边缘化,不同程度地出现失落、孤独、抑郁、无所事事、绝望的心理状态。社区老年教育可以为老年人提供一个学习交流的场所,帮助老年人调适心态,转变家庭角色定位,增强社会信心,形成新的家庭角色,融入社会发展之中。

3.快乐教育功能

社区老年教育鲜有功利追求,旨在实现老年人的自我价值。社区老年教育提供的丰富多样的课程内容、弹性的学习形式、民主和谐的学习氛围、自由平等的人际交往,可以让老年人放松身心,自由快乐地汲取知识。

4.增强社区认同功能

老年人长期稳定地生活在社区,对社区最了解、最有感情,对社区的向心力也最强。同时,社区最贴近老年人,最了解老年人需要什么样的教育,老年教育的学制、师资、场地等问题相对也比较容易解决,而且老年人就近接受教育,容易坚持。从这个方面来说,社区能迅速、有效地扩大老年人的受教育面。因此,社区应秉承"以人为本"的教育理念,让老年人在家门口、社区、小区就能轻松地享受到教育与学习的权利。

5.促进社区和谐功能

德国学者滕尼斯在《社区与社会》一书中最早提出"社区"这一概念,他将"社区"界定为"具有共同价值取向的、关系密切的社会关系和社会团体"。据此,社区应被视为开展老年教育的最佳场所和平台。社区老年教育是一种以社区为依托、面向该社区老年人的教育。居住在社区中的老年人因地缘关系,彼此之间的关系本就比较紧密,对事物的关注度也相对趋同。首先,在社区中开展老年教育,可以帮助老年人实现角色转换,有利于他们调适好社会关系;其次,社区老年教育能够起到帮助老年人增长知识、陶冶情操的作用;再次,社区老年教育能够改善邻里关系和家庭关系,有利于实现和谐社会与学习型社会的目标。

二、社区老年教育是老年教育与社区教育的融合

老年人退休后,一般由"单位人"转为"社区人"。与其他年龄群体相比,他们在社区生活和活动的时间最长,对社区建设最为关心,最有社区的归属感和认同感。因此,老年人的生活实践教育一般是通过社区教育进行的。在社区的居住时间越久,老年人接受的社区教育越多,老年人的归属感和认同感就越强。

老年教育是社区教育建设工程的重要组成部分。发展社区教育是提高社区居民的整体素质与生活质量的建设工程,以促进社区稳定、和谐和持续发展为宗旨,以组织各种教育活动为内容的社区教育,是积极实施"科教兴国"战略对策之一。老年人是社区的重点保护对象,也是重点服务对象。社区教育促进老年教育的发展,使老年人在退休后,可以像其他人一样,就近参加各种活动,充分利用社区教育资源,包括图书馆、文化馆、艺术馆、科技馆、纪念馆、体育场、影剧院等公共场所,也包括社区教育基地、科研机构、学校、企业等机构的开放场所,增加晚年接受教育的机会和条件。

改革开放政策为社区老年教育的发展提供了机遇。随着市场经济体制的建立、劳动人事制度的改革以及单位部分后勤福利的社会化,养老金的发放和退休人员的服务逐步进入社区。老年人在学习和参与社区生活实践中,对社区老年教育的需求越来越高。这种高需求为社区老年教育提供了发展契机,从而推动老年教育在社区发展。社区教育以公共服务教育为主,如环境教育、安全教育、健康教育、法律法规教育等制度和政策性教育都将通过社区对居民进行教育,这些内容的教育对老年人尤为重要。在城市社区的各级老年学校,要为普及社区公共服务教育发挥示范作用,让老年人及时了解国家的各项政策;在农村社区的各级老年学校,让老年农民接受科教兴农、移风易俗等教育内容,使他们的生活质量不断提高,将进一步推动城乡社区老年教育的发展。①

社区建设与社区教育离不开老年人的参与。老年人的优势在于具有较多的社会经验和生活经验,具有自主学习精神和志愿服务精神。在和谐社区建设中,他们熟悉社区环境,努力维护和稳定治安秩序,协调人际关系,积极参与社区的民主管理,是社区建设中不可忽视的力量。社区老年教育是社区建设的组成部分。通常,社区老年教育由政府主导,涉老部门和文化教育部门承办,街道居委会和社会民间组织支持协办,采取老年人自我管理、自我教育和自我服务的办法。因此,社区应引导老年人参与社区老年教育的发展,让老年人学会设定学习目标,学会制订学习计划,学会安排学习活动,学会选择教育资源,形成健康的生活方式。

三、社区老年教育发展的现状分析

(一)社区老年教育发展迅速

当前,从全国的情况来看,各地政府日益重视老年教育,加强对老年教育工作的领导,纷纷将老年教育列入政府工作日程、纳入社会事业发展规划,推动老年教育的工作重心逐步下移,促进城乡基层社区老年教育的快速发展。

第一,社区老年教育工作日益得到政府重视。根据调查,在我国多数地区,特别是老龄化程度比较高的地区,当地政府重视社区老年教育工作的程度也较高。

第二,社区老年教育的办学条件逐步得到改善。多数社区老年学校有固定的教学场所,老年教育教师队伍数量稳定增加,办学经费稳中有升。

---

① 高迪.终身教育背景下社区老年教育高质量发展的难点与突破[J].江苏高职教育,2022(2):28–35.

第三,社区老年教育的形式不断丰富。不少地方创新载体与途径,采取多种形式,把课堂教学和自主学习相结合、传统学习和网络学习相结合、知识学习和实践活动相结合、学习社团和分散学习相结合,提高了社区老年教育的参与率,扩大了社区老年教育的覆盖面。

第四,社区老年教育工作发展较快。随着老年教育工作重心的下移,社区老年教育异军突起,成为解决老年教育供需矛盾的有效途径。

第五,社区老年教育所占体量不断扩大。中国老年大学协会的调查报告指出,近年来,老年教育的工作重心逐步下移,城乡基层老年教育得到发展。社区老年教育因成本低、效益高,将成为未来老年教育发展的重要方向。

第六,社区老年教育体系格局基本形成。经过多年的实践与探索,我国一些先行地区基本形成了以区县老年大学为龙头、街道老年学校为骨干、居委会教学点为基础的社区老年教育网络。区、县老年大学的办学条件较好,办学规模不断扩大,在社区老年教育中发挥了示范、引领、指导作用。同时,社区老年教育的先行地区已经初步形成党政统筹领导,多个部门主管,公办为主体,民办为补充,社区老年教育机构为骨干,老年人学习社团、远程网络学习、养教结合、老年志愿服务等多种形式相结合的社区老年教育发展新格局。

(二)社区老年教育不断创新

各地通过制度创新和载体创新,实现社区老年教育创新发展,努力在总量上有较大发展,在结构布局上推进普及,并注重激发内生动力。

第一,制度上的创新。首先是以评估促进建设,推动社区老年教育机构建设和服务能力提升,促进社区老年教育管理水平提高。其次是探索建立老年人终身学习成果认定制度,建立老年人学习账户,通过老年教育的证书与文凭体系,鼓励老年人可持续学习,激发老年人的学习动机与学习积极性。再次是创新老年人学习测评方式,不再采用传统的考试、答题等方式,而采用提交作品、体验式学习等方式进行。最后是建立激励机制,通过评比来激励老年人及老年教育单位。

第二,载体上的创新。首先是在以居家为基础、以社区为依托、以机构为支撑构建的社会养老服务体系中,将社区老年教育作为养老服务的重要内容,提供现代科技、养生保健、传统文化、娱乐健身等方面的教育服务。其次是积极引导"老有所学"向"老有所为"转变,通过志愿者队伍的组织,充分发挥社区老年人的人力资源,创设服务平台,服务老年教育。最后是利用远程教育手段提供更加便捷的社区老年教育,采取线上线下相结合的、有组织的学习形式,通过各级各类终身学习网络平台、丰富的学习资源提供学习上的帮助。

第三,途径上的创新。社区老年教育改变了传统意义上的教育形式,着力探索公寓老年人学习、社团老年人学习、老年人游学、教育与养老相结合等新路径。在教学形态上也出现了从课堂讲授到体验式学习,健康、娱乐和活动相结合的新型模式。

四、社区老年教育存在的主要问题

通过对我国社区老年教育的现状与问题方面的研究,可以看出,我国社区老年教育发展地区差异较大,发展不平衡,教育资源配置不合理,利用率较低。这些问题都阻碍了社区老年教育事业的长期发展。

(一)对社区老年教育存在模糊的认识

目前,社会对老年教育的重视不够,把它视为可有可无、可做可不做的事情。还有一些明显的认识误区:有的认为老年大学就是老年教育;有的甚至把老年教育等同于老干部教育;有的有意无意地把社区老年教育变成围墙内教育,变成少数人的教育;有的偏好抓提高,热衷于锦上添花,忽视雪中送炭。这就造成了老年教育中的不公平现象,偏离了老年教育的包容性、普惠性的本质特点。

(二)社区老年教育的发展资源短缺

社区老年教育的建设和发展离不开对社区内外资源的有效利用,不仅要注重对物力、人力和财力资源的有效利用,而且要重视社区的文化建设、管理效能、社区归属感和社区教育参与度。首先,社区老年教育的发展缺乏法律、法规、制度方面的保障。其次,我国社区老年教育处于起步期,教学组织、教学实施、经费使用等还在探索实践阶段,缺乏科学、系统的指导。再次,当前我国的社区老年教育普遍没有专项的教育经费、单独的教学场地和专门的师资队伍。最后,社区老年教育的管理和服务人员在对教育活动的组织和实施方面缺少全面、专业的培训,服务意识不强、专业素质不高,这严重制约了社区老年教育的发展。①

(三)社区老年教育的专业服务水平不高

首先,由于老年教育发展的时间比较短,人们对老年教育还存在模糊的认识,很多社区没有教师队伍,管理人员身兼数职,无法针对老年人开展适宜的教育活动。其次,社区老年教育开展的时间不长,其管理制度体系也不健全,管理人员忽视老年教育对象的异质性与需求的多样性,对老年人,尤其是丧偶的老人和空巢老人,真正需要的教育内容没有做系统的规划。最后,在组织教育活动时,没有充分利用社区内外的各种资源。

(四)社区老年教育布局很不平衡

我国的老年大学基本集中在地市级与县(市、区)级,这两级老年教育的优质资源相对集中;而在地广人多的农村地区,老年教育机构显著偏少,无法满足老年人就近接受教育的需求。从东部和中西部地区来看,东部地区的社区老年教育发展较好;中西部地区的社区老年教育发展较差,而且相当多的地区没有建立老年学校,即使有为数不多的老年教育机构,也存在校舍简陋、设备不足、课程和学习内容不丰富等问题。

第二节　社区老年教育发展模式

一、优化社区治理体系

因为社区老年教育是基于社区进行的,所以社区老年教育模式的优化和体系的建设可以通过社区提升治理能力和优化自身的治理体系来实现。不断优化自身干部培养体系、管理组织结构、财政结构,提高基层党组织建设水平,建立良好的干群关系,不断增加社区社会资本积累,促进人才引进或合作,建立健全外部联络机制,活跃社区文化氛围,成立专业化组织,这一

---

① 卢显洋.积极老龄化视域下社区老年教育实践、困境和发展路径[J].哈尔滨学院学报,2022(4):141-144.

系列措施可以优化社区内部系统,使社区与外部资源协同的方式更加有效、积极、稳健,从而更好地促进社区老年教育的发展。

(一)组建社区老年教育团队

推动社区老年教育健康发展的关键是人,而非物质因素,因此要在社区内培养务实肯干的社区骨干人员,组成一支强有力的社区老年教育团队。而事实上,只要组织有意愿、有能力去做,有了成绩和成效,资源就自然会找上门来,各种荣誉和资助会不期而至。居民看到了实事,看到了福利自然会主动支持工作,参与建设。这样,社区老年教育所面临的资金不足、资源不充分等问题就会迎刃而解。

(二)加强与外界合作

构建社区老年教育扁平化、网络化的治理机制。社区老年教育可以与一些有爱心的企业或专业机构合作,这些企业或机构在日常生活中可以为社区老年人提供一些日常帮助。社区开展老年教育活动时,可以让这些企业积极参与,包括一些公益项目。具体的参与方式可以根据老年教育活动的需要提供经费赞助等,而活动过程中可以帮企业宣传,实现互利共赢。加强与外界的合作需要社区党委会领导、居委会负责、社会组织协同、公众参与,加强合作交流、多元协同共治凝聚多方力量能够更好、更快地促进社区老年教育的健康发展。

二、构建数字化学习模式

数字化学习也称为网络化学习,是双向学习方式的有效模式,学习者充分利用计算机、网络、通信以及数字化资源等手段进行学习。这种学习模式最大的优势是开放共享,学习者的学习途径和内容更加多元化,对社区老年教育资源不足以及区域发展不平衡的弊端能够很好地规避。

(一)构建数字化社区老年服务体系

建设覆盖全国的数字化网络,线上线下相结合,这种支持服务体系为老年人提供了多元化的参与学习方式,为老年人的学习提供了极大的便利条件。除了线上的丰富资源以外,在线下也要加强资源的整合,可以充分利用文化馆、图书馆和博物馆等作为教学场地,积极调动社区内有才华的老人、退休的技术工人或教师等作为社区老年教育的教师资源。

（二）建设多元化在线互助学习平台

数字化学习要借助在线互助学习平台来进行。平台的设计要针对老年人的特点来进行,要布局简洁、简单易学,还要扩大交互,增强线上线下的学习指导等功能。要不遗余力地转变老年人的学习方式,增强老年人的学习信心和积极性,通过多元化的服务方式和网络平台、移动终端、广播电视以及文字教材等,营造良好的氛围,增进对老年人的人文关怀,逐步消除老年学习者利用网络进行数字化学习的障碍,以改善老年教育的效果。①

（三）开发多样化的教学方式和内容

老年人的学习需求因年龄、文化水平、个人经历等不同而存在很大的个体差异。社区老年教育的数字化教育资源在开放过程中要充分考虑老年人的学习需求,做到获取便捷、内容和形式多样。内容不仅涵盖养生保健、文化体育等传统内容,也可以增加一些老年人的心理健康知识、退休后的心理调适方式以及提高人际交往能力的内容等等。内容应多种多样,满足老年人学习的多样化需求,为老年人提供系统的、有计划的、有针对性的学习资源。形式上可以通过培训社区内有才华的老人以及其他有意向人员作为社区活动的领导者,组成社区老年团体,扩大老年人的对外交往范围等,以调动老年人参与社会的积极性,保持良好的心态。

三、养教结合的模式

养教结合的社区老年教育模式以社区为载体,实现教育与养生、养老的紧密结合。通过对社区养老和教育资源的整合利用,进一步满足社区老年人养老与教育的双重需求,促进了终身教育体系的完善。养教结合的模式的主要宗旨是在给老年人适度服务的同时,帮助老年人学习健康保健知识,让老年人积极主动地负担起维护个人健康的责任。另外,养教结合可以让老年人保持一种健康的心态,充分认识自我的价值,积极参与各项社区文化活动,服务社区、贡献社会。养教结合要求按老年人的实际需求设计教学内容,以远程教育为主体,充分挖掘针对社区老年人的养教结合的服务项目,采用开班授课和多元活动的方法,结合线上线下多种渠道,采取多种方式开

---

① 张萍香.智慧社区老年教育的创新发展研究[J].福建轻纺,2022(3):55－57.

展社区老年教育。代际混龄的灵活教学方式,有助于消除代际疏离感,鼓励老年人培养兴趣爱好。社区应根据老年人的个性化、多元化需求开设各种各样的学习课程和主题游学等养教结合的项目,鼓励老年人保持良好的心态,积极地走向社会、服务社会、参与社会,充分发挥余热,实现自己的人生价值。①

第三节　社区老年教育发展对策设计

老龄人口在社会人口结构中占有非常重要的地位,老年人问题直接关系到全社会的稳定和发展,具有不可忽视的战略意义。建设和完善社会养老服务体系势在必行,老年教育的发展是其中至关重要的一环。

一、社区老年教育的管理体制

管理体制是社区老年教育得以顺利实施的根本保证。所谓管理体制,是指运行机制各组成部分的相互关系,一般包括管理权责、组织实施、参与主体、经费来源、师资保障等。目前,我国老年教育的管理模式呈现出多元化形式,导致基层社区的老年教育管理体制也呈现出多元化趋势。具体来说,有如下几个特点。

(一)管理体制多元化

社区老年教育包括三层含义,即社区、老年和教育,因此在社区老年教育的管理权责方面也出现了三种情况:第一种是把重点放在社区上,社区老年教育由地方政府部门直接管理,如天津市的社区老年教育由区长或副区长直接负责和主持;第二种是把重点放在老年上,把社区老年教育纳入老龄工作,由全国老龄工作委员会(简称"老龄委")办公室、老干部部门或民政部门管理,如西安、北京的社区老年教育由各个地方的老干部局负责;第三种是把重点放在教育上,由教育部门或者文化部门管理,如上海的社区老年教育就由教育委员会负责。此外,有的街道还与社区内的企业、学校、医院联

① 张红兵,张淑莲,任晶.“养教结合”社区老年教育发展趋势与路径研究[J].河北广播电视大学学报,2021(5):54–59.

合办学,通过共建社区学校开展老年教育。在基层,社区老年教育往往由若干个部门或科室同时管理。尽管上述部门对社区老年教育的发展发挥了重要作用,但没有统一归口,缺乏统筹协调,因此目前我国社区老年教育管理存在政出多门、交叉管理、权责混乱、相互推诿等诸多问题。这种分而管之的格局显然不利于老年教育的发展。从管理的角度来看,社区老年教育的组织实施应采取"党委政府规划—教育部门管理—基层社区执行"的一贯式体制。这种层级制的运行体制凸显出行政主导的特点,老年教育由各级教育部门主管,便于统筹利用各种教育资源发展老年教育。

(二)人员构成多样化

社区老年学校管理人员的构成因地而异,但主要有三种形式:一是公办老年学校全部由在职在编人员或聘用离退休老同志管理;二是企事业单位主办的老年学校除在职人员外,还聘请一部分老同志参与管理;三是民办老年学校聘用老同志来管理。

(三)经费来源差异化

老年学校性质的多元化,造成其办学经费的来源千差万别:既有由各级财政列入预算的公办老年学校,也有政府给予补贴和适当收取学费办学的老年学校;既有老年学校主管部门内部经费安排、政府提供财政定补的,也有企业自筹经费、列入营业外支出的;既有面向社会接受捐赠并适当收取学费的,也有部分自筹、以收取学费为主的。

二、社区老年教育的组织形式

社区老年教育的组织形式主要有以下几种。

(1)街道办事处创办的社区老年学校。街道办事处联合社区居委会设立的社区老年学校,是社区老年教育发展的主要形式。其生源主要是社区内的老年人,教师一般是小区内的退休知识分子。在管理体制上,它隶属于街道办事处,一般有固定的教学场所、专职工作人员,每年有一定的经费拨款,可以有效地保障社区老年学校的稳定办学。①

---

① 雒真.基于终身教育下的社区老年教育发展对策[J].农村经济与科技,2021(12):196-198.

（2）教育局（广播电视大学系统）举办的社区老年学校。各地教育局依托当地的广播电视大学举办的社区老年学校，是老年教育发展的重要形式之一。它可以充分利用广播电视大学的资源，面向社区老年人。广播电视大学学科齐全，有较强的师资力量、较好的教学设施、经验丰富的管理干部、良好的校园环境，吸引了广大老年人入学。这些社区老年学校隶属于教育局系统。

（3）老龄委、中国老年人体育协会（简称"老体协"）设立的老年学校。这类学校一般具有固定的教学场所，定期开展教学活动。部分社区老年学校教学活动正常，已经形成一定的规模。社区老年学校经费较充足，列入财政拨款。

（4）各级老年大学创办的学区或分校。由省、市、县等老年大学向街道（乡镇）、社区（村）拓展延伸的重要途径就是创办社区老年学校或开办分校。这类社区老年学校由省、市、县老年大学提供业务指导，并在办学理念、师资力量等方面给予支持。

（5）民政部创办的星光老年之家。星光老年之家是民政部门设立的社区福利服务设施和项目，是专门为社区老年群体建立的活动场所，能够满足社区老年人日益增长的物质文化需求，组织老年人开展健康保健、心理咨询、文体娱乐、老年教育等综合服务。

（6）单位自行创办的老年学校。部分单位针对本单位退休职工创办的老年学校，由单位出资，划出固定的教学场所，聘请部分教师，一般不对外开放。

（7）民间社团自发组成的老年学校。由民间社团及社会爱心人士组织建设的老年学校，面向区域内的老年人提供教育服务。

（8）营利性质的老年学校。这类学校主要是指由社会企业与团体采用市场运作行为开办的老年教育培训机构等。

综上所述，现有社区老年教育的组织形式呈现出以下特点：一是各个部门分头设置社区老年学校，多方办学，分属不同单位，彼此之间很少联系、交流；二是社区老年学校发展的动力在于重视老年教育的理念，许多社区关注老年群体，创办老年学校，带动了社区老年教育的发展；三是社区老年教育发展不平衡,经济因素制约着社区老年学校的发展,经济发达地区的社区老年教育发展迅速,欠发达地区的社区老年教育发展缓慢。

三、社区老年教育发展的对策

在实施积极老龄化战略和构建终身教育体系的进程中,老年人的教育问题已成为社会普遍关注的焦点。社区在老年教育方面所具有的阵地、师资等优势,是开展老年教育、提高社区凝聚力、促进老年人生命质量提升的有效途径。

(一)以观念为导向,深化认识,准确定位

社区是老年教育发展的沃土。要推进社区老年教育的发展,首先要深化思想认识,以观念为先导,对发展模式进行准确定位,形成统一的发展共识。

1. 重视发展社区老年教育

党的十九大提出"办好继续教育,加快建设学习型社会,大力提高国民素质"的要求。2010 年颁布的《国家中长期教育改革和发展规划纲要(2010—2020 年)》则明确强调,要重视老年教育。基于此,应当转变社区老年教育无足轻重的观念,认识到社区老年教育是构建终身教育体系的组成部分,高度重视社区老年教育的发展,推动全民学习。

2. 走出认识误区

有很多人对老年教育存在一定的认识误区,认为老年教育就是保健教育、娱乐教育,而没有认识到老年教育的真正意义。基于此,应当大力宣传社区老年教育的基本功能和重要作用,转变对老年教育的传统认识,认识到"老有所学"是社区老年教育的核心,社区老年教育是为了让更多的老年人享有受教育的权利,进而认识到保健娱乐只是老年教育的一部分,而非全部,从而走出认识误区,更好地推动社区老年教育的开展。①

(二)以阵地为中心,整合资源,优化环境

社区是建设学习型社会的基本单元,拥有大量的社会资源。因此,开展

---

① 余芳. 浅析发展社区老年教育面临的问题及对策[J]. 现代职业教育,2018(25):30.

社区老年教育,要充分发挥当地社区教育中心阵地的优势,以社区教育中心为平台,因地制宜,整合相关社会资源,大力营造共建共享的社区老年教育环境。

1. 改善办学条件

争取政府的资金投入,加快社区老年教育的硬件建设与设备更新,改善办学条件。例如,建设社区老年教育中心、图书馆、书画室、棋牌室、琴房、健身房,安装电梯,改善多媒体教室,更新电教设备等,营造温馨、怡人的学习环境,给老年教育的开展提供阵地保障。

2. 加强师资和志愿者队伍建设

依托社区内的教育资源,广泛开展社区老年教育,并通过长期的教育实践和优胜劣汰,逐渐建立起一支满足老年人多元化需求的师资队伍和志愿者队伍。其中既有专家、名师、有专长的能手,又有热心公益事业的社区人士和有志愿服务精神的院校大学生等,能够为老年人提供多元化的教育和服务。同时,还可以不定期地聘请专业人士开设贴近生活的专业课程,丰富教学内容,增加老年人的生活常识,提高生活质量。

3. 优化外部环境

良好的办学外部环境对于推动社区老年教育的发展具有重要的作用。因此,社区应加强宣传教育,提高社会各界对社区老年教育的重视程度,加大社会各界对社区老年教育的支持力度,优化办学的外部环境,提高社会共同发展社区老年教育的积极性。

(三)以活动为载体,丰富内容,广泛发动

对于社区老年教育的开展,活动是重要的载体。因此,将老年教育融入社区中,要以教育活动为载体,丰富教育形式,广泛发动老年人积极参与,形成多层次、多渠道、多形式的社区老年教育,推动老年教育有效地融入社区教育之中。

1. 开办社区老年学校(学习中心)

社区老年学校(学习中心)是开展社区老年教育的一种基本的、重要的教学组织形式。社区应以社区老年学校为中心,从提高老年人的生活质量、增加他们的生活乐趣的角度进行课程设置,对老年人进行专业的培训和指导,使老年人在寓教于乐的氛围中老有所乐、老有所学。

2. 开展远程老年教育

远程教育是一种新型的、高效的教育模式,使人们足不出户就能接受到优质的教育。在社区老年教育中,可以积极地利用现代信息技术,创办网络资源平台,开设老年人远程教育,免费进行电视授课和网上学习。社区可利用星光老年之家、社区的居委会等组织收看远程教育课程视频,老年人也可以在家中进行自主视听学习。同时,社区和老年人协会还应对远程教育的学员进行指导和管理,确保学习的效率和质量。

3. 强化文体社团建设

社区应对社区内的文体社团和各类学习组织进行强化,结合社区老年人的兴趣特点,开办党建研究小组、读书会、英语班、书画班、舞蹈班、声乐班、京剧班、球类班等,开展多种形式的教育活动,以丰富文化载体,提高老年人的文化水平。

(四)以制度为保障,完善机制,联动发展

制度是有效地开展社区老年教育的重要保障。针对当前社区老年教育管理机制不够健全的问题,社区应根据老年教育的特点,通过调动各方面的积极力量,完善相关机制,形成社区老年教育多方联动发展的局面。

1. 统一组织机构

社区应结合本社区的实际情况,建立统一的社区老年教育组织机构或体系,明确牵头负责人、分管人员,划清职能界限,理顺各职能负责人之间的关系。同时,还要建立社区老年教育领导小组,负责管理和协调推进老年教育社区化,由此形成统一的职能机构,为社区老年教育提供强有力的组织保障。

2. 统一发展规划

有了统一的组织机构,还要有统一的发展规划作为支撑。国内目前在开展老年教育方面出现了无序的局面,其原因在于缺乏统一的发展规划。因此,社区应当建立统一的教育协调小组,并在协调小组的统一部署下,调查摸清本社区老年教育的实际情况,然后制定统一的发展规划,有序地发展。

3. 强化内部管理

社区应充分发挥基层政府的指导作用,建立组织、协调关系,结合社区教育的实际,建章立制,建立社区老年教育激励、约束机制,实现教育资源共享的可操作化;加强对老年教育的管理,使其科学化、规范化,着力提升社区老年教育的效率;及时补充师资队伍的"血液",形成稳定的师资,努力提高老年教育的质量和办学水平。

在实施积极老龄化战略和构建终身教育体系的进程中,老年教育问题已成为社会普遍关注的焦点。社区老年教育是社区教育与老年教育在社区层面的结合体,也是推进老年教育发展的基础和基本载体。社区教育要充分利用社区内现有的各类教育资源,横向联系、纵向沟通,实现教育资源共享,使现有教育资源发挥更大的作用。建立"政府主导、部门协同、资源共享、志愿者服务、老年人广泛参与"的社区老年教育新模式,对于满足老年人群体就近接受终身学习的需要,推动社区老年教育向纵深发展,具有重要的现实意义。

第六章　远程老年教育改革与发展研究

当前,我国已进入人口老龄化加速发展阶段。远程老年教育作为一种新型的教育形式,具有开放性、灵活性、自主性等特点,不仅可以有效缓解老年教育中的供需矛盾,而且可以增强老年人的社会归属感,提高老年人的生活质量。积极构建远程老年教育网络体系,建设基于互联网的远程老年教育支持服务平台,完善远程老年教育管理体制和运行机制,将有利于扩大老年教育资源的供给和共享,加快推动老年教育可持续发展。

第一节　远程老年教育面临的主要矛盾

一、远程老年教育发展现状分析

(一)老年大学开展远程教育的情况

当前,我国老年学员众多,对老年教育机构的需求量较大。由于经费、人员、场地等客观因素的影响,老年教育无法向社会充分开放,导致具有学习需求的老年群体与"一座难求"的老年教育现状之间的矛盾凸显。所以,很多地区大力发展远程老年教育,通过远程教育、社区教育等形式使老年人参与老年学习。目前,参加远程教育、社区教育学习的老年人达上千万人,且发展势头迅猛。

基于互联网的远程老年教育始于 20 世纪 90 年代末。上海是我国首个基于网络开展远程老年教育的城市。1999 年 10 月 15 日,上海网上老年大学正式开通。在随后的几年中,陕西、浙江、北京等地区的老年网络远程教育也逐渐兴起。2007 年以来,我国远程老年教育进入了蓬勃发展阶段:远程老年教育事业不断发展和完善,硬件建设不断得到加强,教育规模不断扩大,教学成果日益显著。此后,一些省(区、市)相继搭建远程老年教育平台,各地结合当地实际,创造性地开展工作。山东、福建、内蒙古、云南、上海、天津、重庆、厦门、武汉等地的老年大学都结合自身的优势和特点不断推进老年教育信息化的进程。

(二)电大系统(开放大学)开展远程老年教育的情况

电大系统是中央广播电视大学(国家开放大学)和地方各级办学系统的简称,主要采取计算机网络、现代信息技术开展远程教育。电大系统自20世纪80年代开始举办远程老年教育,如今已发展40余年。如今,开放大学与广播电视大学利用自身的资源、平台、体系优势为开展远程老年教育提供了广阔的学习机会、必要的课程指导和学习支持服务。国家开放大学于2015年1月28日正式挂牌成立老年开放大学。随后,浙江、内蒙古、辽宁、黑龙江、福建以及北京、沈阳等地也成立了老年(互联网)开放大学、老年大学(学院)等,呈现出新的发展态势,在推进远程老年教育发展方面取得了阶段性成果。

以福建广播电视大学(已更名为福建开放大学)为例,福建广播电视大学2011年与福建老年大学、福建省老年大学协会合作建设"福建老年学习网"网上学习平台,访问人数已超过60万人次,拥有健康保健、急救护理、舞蹈健身、书法绘画等20大类6000多讲适合老年教育的学习资源。线上教学模式的发展,使老年人足不出户就可以上网学习,促进信息技术融入老年教育教学全过程,形成线上教学与线下互动结合的教学模式。

(三)社区教育系统开展远程老年教育的情况

社区教育是指在社区中,开发、利用各种教育资源,以社区全体成员为对象,开展旨在提高成员的素质和生活质量,促进成员的全面发展和社区可持续发展的教育活动。社区教育是实现终身教育的重要形式,是构建全民终身教育体系必不可少的重要平台。城乡社区教育体系可以发挥自身优势,扎根社区办学,借助信息技术手段举办远程老年教育。

发挥网络信息技术的作用,利用社区教育资源开展远程老年教育,是社区教育系统适应人口老龄化趋势和基层老年教育需求的表现,是构建灵活开放的终身教育体系的具体体现,也是解决日益紧迫的老龄化问题的重要路径。

（四）其他主体开展远程老年教育的情况

除了上面提到的机构,组织部门、老龄办(委)、高校和高校网络教育体系、社会力量等,也是举办远程老年教育的主体。比如高校拥有较多的课程资源,可以为远程老年教育的开展提供技术、师资和课程支持,开发教育平台和课程资源,共享校外学习中心资源等。

二、远程老年教育存在的主要问题

（一）认识不足,重视不够

总体上看,社会对远程老年教育的认识不足,对人、财、物等方面的支持重视不够,特别是对信息技术在远程老年教育中的作用认识不足。老年人自身对信息技术教育的认识也不够。此外,人们习惯了传统的学校面授教学形式,全社会对远程老年教育的认识还不一致,远程老年教育也没有引起足够的重视。一部分人认为,老年远程教育在我国的社会发展中并不是不可或缺的;还有一部分人认为,老年教育其实就是"休闲教育",主要供老年人休闲娱乐,因此没必要进行计算机技术和智能手机的教学;还有人认为,远程老年教育只有投入,没有效益产出。全社会对发展远程老年教育存在不一致的认识,一定程度上阻碍了远程老年教育信息化的发展。[①]

（二）办学组织与服务体系尚未形成

线下老年教育办学组织体系尚未形成,发展远程老年教育更是任重道远。以全国电大系统为例,远程老年教育办学系统尚未完全形成:一是存在区域发展不均衡现象。上海、江苏、福建、北京等地的电大系统开展老年教育的时间早,机制多样,规划较为完善。然而,部分地区尤其是边远地区的电大在开展老年教育方面则较为薄弱。二是组织化程度相对松散。电大系统开展远程老年教育缺乏完善的顶层设计,在全面统筹、组织协调和规划指导方面的作用发挥不够,在远程老年教育平台和学习资源的共建共享方面尚未形成合力,各地基本处于各自为政、各自为战的状态。三是工作推进力度还有所欠缺。没有将远程老年教育工作纳入学校的重点工作,缺乏一系

---

① 王正玉.老年远程教育发展存在的问题及对策:以安徽省为例[J].安徽广播电视大学学报,2020(3):30 – 35.

列的项目工程推进工作,缺乏相应的推广宣传机制。

(三)管理体制未理顺,投入不足

老年教育发展至今,归口管理问题一直没有得到明确解决。调研显示,老年教育机构管理体制不顺,管理体系不明晰,在行政管理上存在比较严重的条块分割现象。在国家层面,老年教育由国务院老龄委牵头,由民政部、文化和旅游部、教育部等相关部委参与。教育系统在举办老年教育的过程中,虽主动承担社会责任、积极作为,但由于体制和机制等方面的因素,工作仍受到颇多限制。远程老年教育亦是如此:办学主体多元,政出多门、各自为政,缺乏统筹协调与协同推进机制。

在经费方面,总体上投入不足。老年教育是非营利性的公益事业,国家层面的文件多围绕老龄事业的资金投入机制展开,尚未提出全国层面的、与老年教育相关的经费保障措施。电大系统在老年教育工作领域主动参与、积极作为,各地电大也得到当地政府的经费支持,但大多比较零散,缺少长效机制。

(四)平台与学习资源建设滞后

在远程老年教育平台和学习资源的共建共享方面,各方尚未形成合力,远程老年教育的基础设施依然薄弱。以全国电大系统为例,在开展远程老年教育的基础设施方面,还没有统筹整合电大的平台和资源;在老年人学习的需求方面,还没有发挥电大系统在信息技术上的优势,建立教学设计团队,开发、改造和整合适需的老年学习资源;在老年远程教育的教学工作方面,还没有真正共享电大系统的师资力量,为老年人提供学习支持,在教学服务上还有欠缺。

(五)教学模式与学习方式传统老套

远程老年教育教学模式亟待探索,以老年学习者为中心的网络学习环境、网上学习资源和学习支持服务尚不能满足他们的需求,以远程教育为主体,线上线下、养教结合等多样性、多元化的教学模式还有待完善。在支持服务模式上,还没有结合老年学员的学习需求和满意度进行针对性和适用性设计;在教学组织形式上,以远程教育为主体,线上线下、养教结合等多样性、多元化的教学组织形式还需要积极探索。

第二节 远程老年教育的指导原则

一、把握信息技术发展趋势与走向

当今世界,科技进步日新月异,互联网、云计算、大数据、人工智能等现代信息技术深刻改变着人类的思维、生产、生活、学习方式,深刻影响着世界发展的前景。顺应信息技术的发展,推动教育变革和创新,构建网络化、数字化、个性化、终身化的教育体系,建设"人人皆学、处处能学、时时可学"的学习型社会,培养大批创新型人才,是人类共同面临的重大课题。远程老年教育也要适应信息技术发展趋势,推进教育信息化,以信息化为手段扩大优质教育资源覆盖面,缩小区域、城乡教育差距,大力促进教育公平,让老年群体共享优质教育资源。①

二、适应老年人学习特点,有效运用新媒体

(一)以需求为导向

远程老年教育要以老年群体的实际需求为导向,才能焕发出生命力。

在老年人远程学习物质条件基本满足的情况下,远程老年教育机构要多为老年人提供学习指导和精神支持,增设老年大学、社区学院中的远程教育机构,为老年人提供参与远程学习的机会;要持续开展远程老年教育理论和实践研究,真实了解老年人的健康状况、生存状态和心理需求,发现、激发和保持老年人的学习兴趣。可以由专门的远程教育机构承担相应的网络课程开发和远程教学支持服务等。如上海远程教育机构在新媒体革新背景下,逐步加强与各区老年大学、社区学院的联系,结合传统媒体、新媒体和移动媒体,创建多样化的老年人远程学习方式,整合优质课程学习资源,为每一位老年人提供学习支持服务。②

---

① 周广猛.提升远程教育质量 满足老年教育需求[J].考试周刊,2018(A2):38.
② 王少华.构建以开放大学为主体的老年远程教育新体系[J].云南开放大学学报,2021(2):30-37.

（二）有效运用新媒体技术

从目前老年群体的特点来看,老年人参与远程老年教育的意愿不一致,接受能力参差不齐。在开展远程老年教育教学过程中,有必要普及和提高老年人的信息技术素养,帮助他们学习、使用和掌握现代化信息工具。目前的远程老年教育课堂是一种由传统教育课堂教学方式与远程教育网络学习方式共同构成、"线上"学习和"线下"体验相结合的教学模式。在这样的教学模式下,老年人能够慢慢适应和掌握远程教育学习方式,随着岁数的增长和身体的衰老,逐渐减少面授学习时间,增加网络学习时间。近年来,各地都在运用新的教育理念,运用新的媒体技术,探索"智慧教育""泛在学习""翻转课堂"等教育新理念、新方法在老年教育中的推广和应用,增强了远程老年教育课堂教学的教学效果,加快了远程老年教育的发展。

远程老年教育今后更要紧密结合老年群体的特点、学习需求以及学习能力的差异,发挥新技术和新信息载体的作用,积极探索适应老年教育学习需求的教学方法和学习范式,并使之成为老年教育新的发展路径,不断提高远程老年教育的效果和质量。

三、实施"互联网＋"老年教育策略

老年教育融入"互联网＋",是一种无时空限制的全天候老年教育模式,也是今后远程老年教育发展的趋势。针对老年人"计算机教材"缺失、互联网常识未融入老年人生活、老年教育数字化服务缺乏等问题,老年学校着手实施"互联网＋"老年教育策略,推进"互联网＋老年教育"是解决此类问题的最好途径。如:从老年人自身的特征、学习行为的特点出发设计、编写教材,合理有效地向老年人传授计算机方面的新技能和新知识;加强老年人对网络安全知识的学习,防止电子诈骗;加强老年人对新媒体软件使用的学习,提高网络知识水平,享受电子科技给生活带来的便利;通过新媒体知识的学习,让老年人享受科技变革所带来的便利,帮助老年人提升社会参与感和生活的幸福指数;构建数字化的老年教育平台,集成网络学习资源,线上与线下学习互动,形成人性化的学习活动支持服务体系;等等。

《老年教育发展规划(2016—2020 年)》中多处强调利用互联网发展老年教育。如:在"基本原则"中提到"开放便利、灵活多样。促进各类教育机

构开放,运用互联网等科技手段开展老年教育,为全体老年人创造学习条件、提供学习机会、做好学习服务";在"扩大老年教育资源供给"中提到"建立健全'县(市、区)—乡镇(街道)—村(居委会)'三级社区老年教育网络,方便老年人就近学习","举办'老年开放大学'或'网上老年大学',并延伸至乡镇(街道)、城乡社区,建立老年学习网点";在"拓展老年教育发展路径"中提到"积极探索体验式学习、远程学习、在线学习等模式","鼓励老年人自主学习";在"加强老年教育支持服务"中提到"通过互联网、数字电视等渠道……推动信息技术融入老年教育教学全过程,推进线上线下一体化教学,支持老年人网上学习。运用信息化手段,为老年人提供导学服务、个性化学习推荐等学习支持";在"重点推进计划"中,把"远程老年教育推进计划"列为五大计划之一。①

以福建省为例,在"互联网 + 老年教育"的总体框架下,福建省提出了福建老年教育新媒体电视平台的建设构想并付诸实施。该平台同步福建电信手机 App,实现了电视机顶盒和手机 App 的多渠道覆盖,推动线上、线下教学的互动结合。平台采取省、市联办的形式,资源共享,尽显地方特色,让信息技术融入老年教育教学全过程,实现省、市、县、乡、村五级全覆盖,有力地推动了福建省老年教育事业的发展。

再以全国电大(开放大学)系统为例,国家开放大学原校长杨志坚在"建设老年开放大学——开启教育养老新模式"的主题演讲中提到,三十多年来,在信息技术发展的远程教育方面,国家开放大学积累了丰富的经验。如今,身处"互联网 +"的时代浪潮,面对着新的机遇和挑战,学校将互联网的技术手段和互联网的思维与老年教育相结合,既是国家开放大学倡导全民终身学习理念的重要体现,也是拓展社会功能、实现"把大学办在社会中"的战略选择。目前,国家开放大学开通了门户网站,建设了数字化学习平台,开发了基于移动客户端的 App,运营着微博账号"老年开放大学"、微信公众号"国家开放大学老年大学"等。

---

① 续芳. 微课纳入老年远程教育体系　推动"互联网 +"时代老年教育供给侧改革的研究[J]. 天津职业院校联合学报,2019(4):93 – 96,114.

第三节　远程老年教育发展的展望和建议

一、远程老年教育实施路径

(一)推动多元主体合作与参与

如前所述,目前老年教育同其他教育相比,其运行机制不够健全。远程老年教育的运行机制亦是如此,需要进行改革。要进一步明确政府、社会、学校老年教育机构之间的职责和关系,使各个要素、运行主体之间加强联系、相互促进,发挥其在远程老年教育中的作用,以促进远程老年教育运行机制不断完善。

从政府的角度来看,要制定相应的法律、法规、政策对远程老年教育活动加以规范,进行引导;加强对远程老年教育的模式、结构、布局的宏观调控,保证远程老年教育在老年教育系统中有良好的发展状态;加大保障投入,通过拨款、资助的方式购置远程学习所需要的设备,给各老年大学、社区老年学校、社会老年组织提供帮助。

从社会组织的角度来看,老年教育需求不断增长,社会组织的作用将会越来越大。一方面,营利性的社会组织将会增加老年远程教育的投入,从当下供不应求的老年教育市场中获得利润;非营利性的社会组织可与政府、社区、老年学院合作,为远程老年教育提供义务帮助;另一方面,社会组织对培养老年人自主应用远程方式进行学习的意识也有很大的帮助,因为社会组织一般在当地居民中有很深厚的群众基础,在开展普及远程教育的活动时,可将其影响力扩散到老年人群体中。

从学校的角度来看,除老年大学外,普通高校的授课与开放大学(电大)系统的网络课程都是以青年或在职从业人员为主要对象进行设计和运作的,在制作远程网络课程时没有考虑到老年人的特点,使老年人不能充分享受大学院校的资源。今后,各学校要从不同群体的特点出发,适应老年学习者学习的需求,探索建立针对老年学习者的优质课程资源。

（二）构建远程老年教育网络体系

远程老年教育体系的构建需要政府及各部门的相互支持与协调。目前开展远程老年教育的有老年大学体系、老龄委体系、全国电大（开放大学）体系、城乡社区教育体系、高校网络教育体系等。这些体系要加强统筹规划，共同合作，共享资源，形成合力，创建一个由政府主导、部门合作、资源共享、自上而下的远程老年教育网络体系。

1. 老年大学体系

老年大学体系除正常的教学外，还应开设计算机基础、网络知识、智能手机应用等专业课程。针对老年人记性差的特点，这些课程都应反复教学，以确保老年学习者熟练掌握。

2. 老龄委体系

老龄委是负责规划老年事业发展、维护老年人权益、推动老年人工作的机构，下属机构包括各地方老龄委和中国老年服务网。老龄委应该发挥好对本体系远程老年教育的组织与协调作用。

3. 全国电大（开放大学）体系

电大系统采用计算机网络、卫星电视等现代信息技术面向全国开展远程教育。除学历教育外，还包含社会培训、社区教育、老年教育等。电大应为老年大学和其他老年教育机构开展远程教育提供课程指导和学习支持服务。

4. 城乡社区教育体系

社区教育机构可以定期举办一些基础性计算机和智能手机使用的知识讲座，请一些能熟练操作计算机和智能手机的教师给老年人授课或现场示范。

5. 高校网络教育体系

高校可以为远程老年教育提供技术支持，分享成功的远程办学经验，开发有关老年教育的网络课程，共享校外学习中心的资源。

（三）加快建设数字化平台

为此，需要整合多元的远程老年教育公共服务平台，加快开发建设老年教育网络课程，实现资源共享。有效整合远程老年教育资源，优化远程老年教育资源整体结构,使老年教育资源的利用实现价值最大化。统一制定老年教育教学课程资源建设标准,避免资源出现格式不兼容、程序有漏洞、内容品质不高的现象;发挥社会组织的作用和优势,协同进行远程老年教育资源开发,实现"共建共享、优建优享、多建多享",最大限度地发挥优质资源的作用。推进数字化学习资源的开发与共享,建设移动学习 App,完善和优化平台功能,满足老年人多样化、多层面的学习需求。进一步丰富和提升平台功能,打造教学、管理和学习支持服务等一站式服务模式。加大基层教学点的网络基础设施建设,建立网上学习体验中心,开发老年人喜爱的特色精品课程。

(四)推进教学模式创新

应构建并完善基于网络的远程老年教育支持服务平台,随时解决老年学习者在后期学习中遇到的各种问题。要推进信息技术与远程老年教育教学的深度融合,构建完善的学习支持服务体系,适应老年人学习特点,探索"线上线下"一体化的教学模式,突出自主学习和互动学习相结合,在提供多样化、个性化学习支持服务方面推进教学模式创新。同时,试点建设老年开放大学学习网、中国老年教育网、养老从业人员培训平台,以及若干老年开放大学站群,运营学乐堂老年教育 App、新媒体矩阵等立体学习网络。

(五)实施项目带动策略

远程老年教育是一项新的工作,在实践探索初期,最为有效的推动方式就是以项目带动的形式实施。各老年大学应以实施"远程老年教育推进计划"为抓手,以项目带动为重点,积极探索远程老年教育模式创新。

国家开放大学可以老年开放大学为实施主体,推进远程老年教育发展,探索与各类院校、老年大学、社区大学、养老机构、老年服务企业之间多元化的合作模式。重点联合社区教育力量,建设五级网络建设工程(收视点);以线上学习平台与远程教育课程资源为依托,共同开展具有远程教育特色的学历教育与非学历教育。实施远程老年教育工程,可以通过举办开放大讲堂、养生保健等专题活动或讲座,开展形式多样的老年教育活动,提高老年人的精神生活质量;通过组织游学、才艺展示、文化交流、智趣比赛、公益服务等活动,提升他们的社会认可度,激发他们乐观生活的积极性,提高他们的身心健康水平;制定具有远程老年教育特色的通用课程教学大纲和老年人远程学习指南;通过多种途径汇聚优质数字化学习资源,建设老年教育数字化学习资源库;探索资源共建共享模式,推进资源库互联互通。

此外,还可以通过合作共建模式建设示范性远程老年教育体验基地,促进老年教育与老龄产业的对接;搭建远程老年教育与老龄产业合作交流、共谋发展的平台,有效整合教育、卫生、健康、艺术、老年服务、养老从业人员实习实训等资源;拓展老年教育外延,打造学养结合、医养结合、游养结合的"教育养老综合体";基于老年教育体验基地实现"教育＋养老"无缝对接,不断满足老年人及为老年人服务从业人员日益增长的多样化学习需求。

二、远程老年教育发展趋势——建设老年开放(互联网)大学

积极建设老年开放(互联网)大学体系,可以有效解决老年教育需求与供给不平衡的问题,对加快发展远程老年教育具有积极的作用。

(一)老年开放(互联网)大学建设现状

2016 年,国务院印发的《老年教育发展规划(2016—2020 年)》明确指出:推动开放大学和广播电视大学举办"老年开放大学"或"网上老年大学"。开放大学的办学理念,契合老年教育事业办学思路,可满足老年人日益增长的多样化学习需求,为老年人"老有所学、老有所乐、老有所为、老有所养"发挥积极作用。[1]

从 2015 年开始,全国各地陆续开展老年开放(互联网)大学建设的实践探索和理论研究。2015 年 1 月 28 日,国家开放大学正式成立老年开放大学。该校坚持办学宗旨与理念社会化、办学体制与机制多元化、教学设计与内容按需化、教学方法与手段先进化等原则,以创新模式服务于广泛的老年人群,围绕体系建设、教育培训、信息化平台建设、资源建设、示范基地建设等方面,大力推进老年教育相关工作,已取得一定的成效。

2015 年 10 月,浙江广播电视大学揭牌成立浙江老年开放大学。此后,新疆广播电视大学、内蒙古广播电视大学、福建广播电视大学、广州市广播

① 陈瑶,傅美婷.结构功能主义视角下的老年远程教育[J].社会与公益,2019(5):8－11.

电视大学等也先后挂牌成立老年开放大学。还有一些省、市电大虽然未挂牌成立老年开放大学,如上海开放大学、南京开放大学、宁波开放大学、青岛开放大学、温州开放大学等,但在开展老年教育方面也付出了许多努力,做了许多工作,得到了政府和社会的广泛认可。

福建省依托福建广播电视大学,利用自身远程教育技术、办学场地、教学资源和科研师资等优势,于 2018 年 8 月成立了福建老年开放(互联网)大学,加快推进福建省远程老年教育发展。2019 年 8 月,福建省教育厅印发《福建老年开放(互联网)大学体系建设方案(试行)》,提出要有效发挥广播电视大学现代信息技术和系统办学优势,建设福建老年开放(互联网)大学体系,探索"互联网 + 老年教育"新型办学模式,促进福建省老年教育事业科学发展。

(二)老年开放(互联网)大学的特点

结合我国老年教育事业发展实际,利用互联网技术以及人工智能、大数据、云计算、虚拟现实、物联网等创新技术的老年开放大学具有显著的优势。从目前电大系统开展老年教育的现状分析,老年开放(互联网)大学主要有以下特点。

1. 办学定位明确

国家开放大学和省级电大都将挂牌成立的老年开放大学定位为一所以现代信息技术为支撑,线上远程教学和线下面授教学方式相结合,主要面向社会各类老年人开展学历继续教育与非学历继续教育,为老年人提供学习支持与服务,促进终身教育体系和学习型社会形成的新型老年大学。国家开放大学还把加快培养培训为老服务人才、填补老年服务市场人才缺口、提供高素质为老服务从业者作为目标任务。

《福建老年开放(互联网)大学体系建设方案(试行)》明确提出办学定位为:依托省、市、县(区)广播电视大学组建,实行分级办学、分级管理,运用互联网、移动终端、智能电视等现代信息技术和设施,采取线上教学与实体办班相结合、自主学习与体验学习相补充的教学形式,面向全省老年人开展教育教学活动,将优质教育资源辐射到基层社区和农村,是办在家门口的老年大学。该方案提出,福建老年开放(互联网)大学负责全省老年开放(互联网)大学办学管理和业务指导,承担教学服务、平台开发、人员培训、资源建设、示范办学等工作;设区市老年开放(互联网)大学依托各设区市广播电视大学设立,承担辖区内老年开放(互联网)大学的业务指导、教学服务、人员培训、资源建设、示范办学等工作;县(市、区)老年开放(互联网)大学依托各县(市、区)广播电视大学设立,承担教学服务、人员培训、体验基地建设等工作。

2. 创新办学机制

电大内设负责老年教育的职能处(室),如国家开放大学设立社会教育部,福建电大设立终身教育服务中心,配备专门的工作人员,统筹协调和推进老年教育的各项工作;设立专家指导委员会,聘请教育系统、老年大学协会专家担任委员会成员,指导老年教育办学工作,并整合利用老年大学的资源。国家开放大学是联合全国老龄工作委员会办公室、民政部中国社会福利与养老服务协会、人力资源和社会保障部职业技能鉴定中心等单位共建而成的,是全国首家老年开放大学,应积极争取教育、民政等政府部门在政策、资金等方面的支持。

3. 大力开展线上教学

利用互联网、移动互联网建设信息化学习平台、汇聚数字化学习资源进行教学是电大系统的办学特点。如国家开放大学建设老年开放大学学习网,形成中国老年教育网、老年开放大学站群、养老从业人员培训平台、老年App、新媒体矩阵等立体学习网络。目前,各平台注册总人数为3.4万人,App装机量达15.5万人次,访问量总计2000万人次。国家开放大学通过多种途径汇聚近20万分钟的优质数字化学习资源,编制并印发《老年教育资源目录》,网站集聚近5000段优质课程资源,并研发出全国首推的老年教育超级课程表。国家开放大学还自己建设"老年安全合理用药"等多门特色课程,并合作研发《年轮记》等5档多元化原创内容栏目。

福建广播电视大学建设的"福建老年学习网",设置了20大类6000多讲适合老年教育的学习资源。福建老年开放(互联网)大学正在建设具有招生报名、教学管理、教学服务、学习交流、活动开展等功能的老年教育公共服务平台,采用"一体式设计,分级化管理"模式,支持多平台、多终端互联互通,面向全省老年开放(互联网)大学提供一站式服务,满足老年人多样化、个性化的学习需求。

4. 重视老年教育办学组织体系

电大系统由国家、省、市、县四级机构和高校、行业企业等合作伙伴组成,具有联系紧密、系统联动的优势。电大在发展老年教育工作中,积极发挥办学系统的优势,集团作战、共同前进。国家开放大学在举办老年开放大学过程中,依托其分布在各省、企业、行业的分部、学院,构建开放大学(广播电视大学)老年教育体系。到2019年4月,已有24个分部成立老年教育机构。还有一些分部正在筹建:与各级各类老年大学、高校第三年龄大学联盟等,尤其是国家部委和国企所属的老年大学开展合作,构建老年大学合作体系,逐步形成养老机构、为老服务机构(企业、协会)体系;与具备良好合作办学条件的地方政府、养老行业探索合作共建直管的老年学院,目前已成立5个直属老年学院,与体系内外近50家单位开展合作。福建广播电视大学则重视推动福建省各市、县电大挂牌成为当地的老年开放大学,至2020年,各设区市和60%的县(市、区)成立老年开放(互联网)大学,参学老年人达10万人次;鼓励有条件的市、县电大在乡镇(街道)、村(居)设立社区老年学校,为福建老年开放(互联网)大学建设延伸至乡镇(街道)、村(居)老年学习网点提供支持,建成省、市、县(区)老年开放(互联网)大学,逐步向乡镇(街道)、村(社区)延伸,形成覆盖城乡、灵活多样、具有福建特色的老年开放(互联网)大学办学体系,进而实现教育资源融通共享。

5. 开展老年人学历教育

由于种种原因,部分退休后的老年人希望接受高等学历教育,完成真正的大学学业。电大开放教育本、专科招生没有年龄限制,学习方式灵活,学籍八年有效,适合各年龄段的群体接受教育。在开展老年教育过程中,电大积极发挥自己拥有高等学历教育资源的优势,创新教学模式,开发体现老年特色的课程资源,向老年人提供个性化的服务,帮助老年人接受高等学历教育。2014 年 4 月,江苏省教育厅委托江苏开放大学开设专门的老年本、专科学历继续教育,这在全国尚属首创。2016 年 11 月,江苏省南通开放大学还和南通老年大学签订了联合办学协议,南通开放大学通过在南通老年大学设立老年学历教育教学基地、在老年大学开设教学班等方式,组织开展老年学历教育和远程开放教育。协议签署当天,南通老年学历教育本科班举行开学典礼,34 名老年人成为真正的"大学生"。为了让老年人接受学历教育,国家开放大学启动书法、写意花鸟画等老年学历专业建设,为老年人量身定制高等学历专业。高龄老年人在电大完成本科、专科学历教育的事迹常见报端:2012 年,《深圳商报》报道,78 岁的吴良美老先生从深圳电大校长手中接过法学本科毕业证,成为当时深圳电大年龄最大的毕业生。

6. 积极举办各类培训班

国家开放大学策划开发"国家开放大学老年大讲堂"等教育培训项目,推进老年游学项目,同时为老年人设计荣誉学历文凭,通过线上和线下教学,开展老年人非学历教学服务,已培训 1 万多人次,累计发放培训证书3000 余份。福建广播电视大学在左海校区建设福建老年开放(互联网)大学数字化、体验式老年教育示范性基地,打造老年教育线下实体班(体验)、从业人员培训(示范)、管理运营(服务)三位一体的,可复制和推广的线上线下老年教育新模式;还将部分办公场所改造成老年教育的教室,并对走廊、卫生间等进行适老化改造,安装适合老年人使用的设备,已开设书法、绘画、摄影、声乐、舞蹈等 7 个专业 13 个班级,面向社会上的老年人招生。

7. 学习成果被纳入终身教育"学分银行"

终身教育学分银行是面向终身教育学习者的学习成果认证、管理与服务体系,其主要功能是为学习者建立个人终身学习档案,对学习者的学历教育与非学历教育的各类学习成果进行登记、认证,符合学习成果认证与转换规则的学习成果可以进行积累和转换。学习成果(学分)积累到一定的程度后,学习者可以依据规定,申请相关学历证书、学位证书、毕业证书、资格证书。目前,我国终身教育学分银行制度处于探索和推进阶段,《教育部关于办好开放大学的意见》要求开放大学探索建立"学分银行",以学分银行为载体,构建终身教育体系,搭建终身学习"立交桥",推进学习型社会建设。目前已有多个省、直辖市、自治区政府部门委托当地省级电大开展学分银行探索和试点工作,并将老年教育与学分银行相结合,为老年学习者建立个人学习账号,形成终身学习电子档案,并研究老年人学习成果积累、认证与转换的规则。国家开放大学依托国家开放大学学分银行系统,形成课程结业证书、岗位培训证书、国家继续教育基地证书、职业资格证书与学历文凭证书一体化、相衔接的老年开放大学自有证书体系。

老年开放(互联网)大学受到了教育部、老龄办等相关政府部门领导的关注和肯定,得到了老年群体与社会各界的支持,在远程老年教育领域起到了示范引领作用,为后续远程老年教育发展奠定了良好的基础。

第七章　新时代老年教育课程建构与实践

　　我国老年教育课程建设虽然形成了丰富的课程资源,但是仍然难以有效满足异质性很强的老年人群多样性、层次化的学习需求。各老年学校要全面梳理老年教育课程体系建设的现状与存在的问题,以老年教育目标和老年人学习需求为基础,提出我国老年教育课程体系构建的策略,建设多维立体化课程体系,有效满足老年人学习需求,促进老年教育目标的实现并服务经济社会可持续发展,积极应对人口老龄化社会的挑战。

第一节　老年教育课程建设问题

　　课程体系是学校老年教育的重要载体和支撑,既是提高老年教育质量、实现老年教育宗旨和目标的重要抓手,也是老年教育工作的核心环节。

一、我国老年教育课程建设的现状

　　在对上海、天津、长沙、武汉、南京、厦门、广州、宁波、哈尔滨、云南、四川、山东等地的老年大学的课程建设进行对比后发现,当前我国老年教育课程建设具有以下几个特点。

　　一是各地老年大学课程体系初步形成,有了"系"或"学科"的设置;二是专业建设上有了一定的基础,如上海老年大学开设了体育保健、音乐表演、摄影摄像等教育专业;三是课程内容丰富,如天津老年大学的课程由1985年的文学、历史、书法、国画、健身、花卉等发展到现在的55门;四是初步形成层次化课程,如天津、山东、云南等地的老年大学的书法、绘画、舞蹈、音乐等形成了"初级、中级、高级"层次化课程;五是课程具有体系结构,如武汉老年大学课程体系划分为公共课、专业课和特色课,广州老年大学课程体系则划分为基础课和专业课。①

二、我国老年教育课程建设存在的问题

我国老年教育课程建设虽然取得了一定的成绩,但也存在以下一些问题。

(一)缺乏理论指导和课程建设标准

调研结果表明,老年教育学科建设相对滞后,在课程体系构建上缺乏明确的理论指导,尚未建立科学统一的课程建设标准。学者们对课程建设标准和规范的研究也很少,在知网上以"老年教育"和"课程建设标准"为关键词仅能检索到少量相关文献。各地老年大学以对老年学员学习需求的调查或招生情况为依据开发校本课程,有的直接借鉴其他老年大学的课程体系。理论指导和建设标准的缺乏是目前老年教育课程体系建设中存在的关键问题。课程建设主要以专业为标准进行开发。由于没有科学规范的课程建设标准,各老年大学课程体系划分存在较大的差异,比如宁波老年大学的书画摄影系下设三个课程体系,即"楷书、行书"等书法类课程、"花鸟画、山水画、仕女画、西画"等绘画类课程、"摄影、数码摄影"等摄影类课程。而金陵老年大学则设有"书法系"和"美术系":书法系下设"楷书、草书、行书、篆刻"等书法课程;美术系下设"花鸟画、山水画、素描、水彩画、油画"等绘画课程。对同一门课程,各老年大学在课程名称、内容设置、评价考核等方面相差甚远。

(二)课程结构欠合理,重一般需求,轻特殊需求

从调研的 15 所老年大学课程体系建设现状来看,老年教育课程仍以"休闲娱乐"为主体,各老年大学课程体系构建重点关注老年人休闲娱乐、保健养生、人际交往等一般性需求,开发了书画摄影、文艺体育、养身保健、家政技艺等方面的基础课程,对新技术、能力发展、职业发展、人生自我价值实现等老年人特殊性学习需求关注甚少。老年教育课程建设呈现重"一般需求"、轻"特殊需求"的特点。很多老年大学虽然建设了内容丰富且数量众多的课程,但课程建设整体上趋向基础性,未能充分体现老年教育应对人口老

① 谭丽华,吴结,蔡衡.新时代老年教育课程治理的多维审视[J].继续教育研究,2022(5):57-64.

龄化社会问题并服务经济社会发展的教育目标。此外,很少老年大学建设老年人力资源开发方面的课程,如老年人参与社会经济建设、社区治理、文化传承、职业发展等方面的课程。

(三)课程建设同质化,与老年人学习需求契合度低

老年教育主体的特殊性,决定了其在教育目标、课程设置、教学组织等方面的独特性。老年教育的主体为老年阶段的成年人,年龄跨度较大,群体结构具有广泛性、多层次性、多类别性等特点,对老年教育的层次性、差异性需求突出。调研结果显示,各老年大学课程建设严重同质化,仅有部分老年大学在书法、音乐、绘画等课程设置上有了"初级、中级、高级"的层次划分,满足了不同学习基础老年人的学习需求,以及老年人在同一课程上持续学习提高的需求。大部分课程设置仍存在着无差异的"一刀切"现象。从课程体系整体的建设上来看,课程内容与结构仍缺乏层次性、差异化,难以有效满足不同层次老年人差异化的学习需求。同时,各老年大学对老年人身心特点和学习特点关注少,严重缺乏老年心理健康、生命教育方面的课程。

第二节　老年课程的开发与建构

一、拓宽教育内容

目前,我国的老年教育课程内容主要集中在娱乐与休闲方面。从终身学习的角度来看,老年教育的内容应该适当拓宽。

其一,可以借鉴国外第三年龄大学和老年教育的内容,如退休前教育、死亡教育。退休前教育,可以帮助老年人做好退休的思想准备,并提前做好退休生活规划。死亡教育则可以帮助老年人正确地面对自己的死亡,理解生与死是人类自然生命历程的必然组成部分,从而减轻老年人对死亡的恐惧、焦虑等心理,为死亡做好心理上的准备。

其二,开设适应不同地区的特色课程。我国地大物博,不同的地区有不同的风俗习惯和历史文化。开设地方性特色课程,可以增强老年人对本土的热爱与归属感。因此,各老年大学课程设置应充分考虑当地社会经济、科技发展程度、文化底蕴深厚程度与特色,按各地区差异和实际情况设置适合当地的特色课程,如景德镇老年大学弘扬瓷都文化开设"瓷艺""瓷乐"课程,将学校办成一个文化品牌,受到老年学员的欢迎。

其三,开设发展老年人潜力的课程。2002年联合国第二届世界老龄大会提出了积极老龄化并将其写进《政治宣言》。积极老龄化肯定老年人的社会价值,强调应努力创造条件让老年人回归社会,参与所在社会的经济、文化和政治生活,充分发挥其技能、经验和智慧。在自愿的前提下,老年教育应鼓励老年人参与社会发展,并开设相应的学历教育和社会参与类的老年课程。

二、按需施教

近年来已有学者指出老年大学的课程设置要按照"学有所需"来考虑,因此课程的设置和教学内容要根据老年人的不同兴趣、不同层次的需求来开展。以老年人的学习需求为出发点,深入分析老年人的发展问题,了解老年人的学习需求,发现老年人的学习兴趣,根据老年人真正的学习需要开设课程,老年人就会积极主动地参与到各种课程活动中,最终达到"老有所学、老有所乐"的发展目标。[①]

按需施教,要考虑需求的共性和个性问题。共性即老年人的普遍学习需求,个性即特定时代、特定老年人群体(例如不同地区的老年人、不同文化层次的老年人)的学习需求。忽视共性,老年课程的设置会显得随意;忽视个性,则会使老年课程的设置变得古板,因此在老年教育课程体系中两者要统一起来。

三、多形式设课

(一)课内课程

我国老年大学的课程设置有三种类型——综合性设课、多层次设课和单一性设课。综合性设课指几种课程同时开设,除了必修课,老年人还可以选几门选修课。多层次设课是指一门课程分层次开设,可分为基础班、提高

---

① 申花.社会治理视域下的老年教育课程建设路径探索[J].老年教育(老年大学),2022(5):16-20.

班、研究班等。单一性设课指只专门学某一门课,直至结业后再选择另外一门课。

三种类型的设课有各自的特点和优势。综合性设课有利于提高老年人多方面的素质,培养他们多方面的兴趣。多层次设课可以充分考虑入学老年人的文化水平差异和个人追求。同时通过循序渐进的课程设置,老年人可以深入学习某一门课。单一性设课可以节省老年人的精力,使老年人专心研究一个专业。老年大学在选择课程设置类型上,需要考虑老年学员特点、课程特点,要联系实际来决定。例如,入学老年学员层次不一,一些技能类的课程则要考虑多层次设课类型。

(二)课外课程

终身学习的一个重要观点是,学习(教育)是一个既发生在校内、又发生在校外的过程。从终身教育的角度讲,"课程"也许不仅仅是校内课程,也可能是课外课程。所以除了传统的课堂教学方式,还可以开展其他的教育形式,如社会实践教育、休闲旅游教育、远程教育等。社会实践教育包括社区服务、志愿者服务等。社会实践教育可以使老年人走出去,积极地参与社会活动,利用自己的知识经验实现自我、服务社会。休闲旅游教育指有目的地组织老年人在国内外著名景区旅游或进行郊游,领略自然风光,了解当地的风土人情,以润泽生命、丰富阅历。而远程教育的开展,可以让更多的老年人参与学习——通过电视、广播、互联网等媒体进行自主学习。

第三节 老年教育课程建设优化策略

一、老年教育课程体系建设优化的策略

(一)老年教育课程体系建设的目标

联合国第二届世界老龄大会《政治宣言》指出,老年人的潜力是未来发展强有力的基础。老年人具有丰富的智慧、经验和技能,老年人力资源有着不可取代的经济社会价值,积极老龄化已成为我国应对老龄化社会问题的基本策略。党的十九大报告指出"保证全体人民在共建共享发展中有更多

获得感,不断促进人的全面发展"。人的全面发展是马克思主义的基本原理之一,"促进老年人的全面发展"是老年教育的核心要义。结合我国老年教育发展规划的目标要求,我们认为老年教育要实现两个基本目标:一是通过"老有所教、老有所学"促进"老有所乐、老有所为",提升其生活和生命质量并实现人生价值;二是促进老年人的全面发展,为经济社会可持续发展提供人力资源支持,有效应对人口老龄化社会问题。老年教育的基本目标是课程体系建设的逻辑起点和哲学基础,也是课程体系建设的理论指导,以实现老年教育目标价值为核心。

我国老年教育课程体系建设的目标可分为三个层次:一是完善基础性课程体系,在现有主要满足老年人"休闲娱乐"为主体的课程体系的基础上,根据社会经济、信息技术等方面的发展和变化,关注老年人心理健康、知识普及等的教育。进一步完善基础性课程体系建设,促进老年人老有所乐,提高其生命和生活质量。二是加强发展型课程体系建设,在积极老龄化政策背景下,发展型课程体系建设需紧扣老年人全面发展与老年人力资源开发的相关内容,关注老年人力资源开发,服务我国经济社会发展建设。三是注重本土化特色课程体系建设。我国传统文化历史悠久,各地区的文化、习俗等各具特色,充分挖掘优质传统文化资源,建设本土化、特色化课程体系既是弘扬我国优秀传统文化的重要支撑,也是满足老年人本土化学习需要的现实要求。

(二)老年教育课程体系建设的标准

老年教育属于成人教育,是终身教育体系的重要组成部分,具有教育的根本属性。老年教育课程建设在遵循教育一般规律的同时,需重点考虑老年教育自身的特殊性,即其教育对象学习基础条件的特殊性。老年人的学习基础条件是课程体系建设的基本依据,规定了课程体系建设的标准。老年人的学习基础条件主要包括性别、年龄、文化水平、职业发展、经济收入状况、生理和心理特点等。老年人的学习基础条件差异化、多样化的特征是构成课程体系建设的标准。美国老年教育大师霍华德·麦克拉斯基教授将老年人需求(包含教育需求)分为五个层次,即应付需求、表达需求、贡献需求、影响需求和超越需求。还有学者将老年期教育分为四个阶段,即准备老年期的预备教育(55—59 岁)、进入老年期的调试教育(60—64 岁)、老年期的潜能开发教育(65—79 岁)、进入高龄期的自我保护教育(80 岁以上)。

老年人的学习需求与老年人的学习基础条件密切相关,而不同年龄阶段的老年人在认知、情感、生活能力、维护程度、职业发展等方面的学习需求也大有不同。老年阶段随着生理器官的衰老和退休后身份角色的转变,尤其是行动力减退、记忆力减退、视听减退等,极大程度地限制了老年人对周围信息的接受以及与之互动的效果,进而影响其社会参与的广度与深度及参与社会的意愿,甚至导致其产生自卑、孤独、僵化、偏激等致病态的心理。研究表明,70%到80%的老年疾病与心理因素有关。在我国老年人口中存在大量独居、空巢、孤寡、失能老人群体。因此,以老年人的学习基础条件为标准构建课程体系,要以全面准确掌握老年人的学习基础条件为前提,尤其要关注不同年龄阶段的老年人的生理和心理特点、维护程度和职业发展等相关因素。

(三)多维立体化课程体系的架构

构建多维立体的课程体系,是满足老年人差异化、多样化学习需求的根本性要求。课程体系建设首先要遵循连续性、顺序性、整合性的原则,将同一知识体系相关的课程,按照差异化学习需求和教育目标进行划分;其次要全面梳理基于实现老年教育目标需要的课程门类,依据课程体系建设目标,做好顶层规划,科学设计课程体系的架构。科学划分课程体系类别是课程体系架构的重要基础,多维立体化课程体系的架构,可以从以下方面考量:一是可以依据"老有所学、老有所乐、老有所养、老有所为"四个方面,相应地从"学习文化知识、休闲娱乐、保健养生、服务社会"四个维度构建课程体系;二是可以依据老年学习者的学习基础,从"初级、中级、高级"三个维度构建课程体系;三是根据老年人在"退休准备、角色转换、潜能开发、高龄自我保护"四个年龄段的需求维度构建课程体系;四是根据老年人的学习需求层次,从"基础性、特色性、发展性、价值创造性"四个维度构建课程体系。不同类别的课程体系又可以按照知识的内在联系进行层次细分。① 还有学者提

---

① 章小杰.老年教育"立体化"课程体系的构建与实践[J].新农村,2021(12):46-48.

出依据文化内容的表现形式进行分类组合,将老年教育课程体系分为保健、维权、文体、技艺、生活、有为、赏析、仁德、哲理9个类别。老年教育课程体系的架构可以从不同的维度实施,但均以对老年人学习需求层次的全面把握为基础,确保课程体系的架构科学、合理。同时,课程体系建设是一项系统性、复杂性的大型工程,需要匹配组织专业团队,需要经费予以保障。

(四)科学评价机制的建立

多维立体化课程体系建设虽然综合考虑了老年教育目标、老年人的学习基础条件和学习需求等因素,但其课程设置、教学组织过程有可能与老年学员过往的学习经验、内在需求等产生偏差或脱节。构建科学考核评价机制实际上就是围绕老年学习者的学习经历与教学过程开展反思,进一步完善课程体系的建设,促进课程体系建设的科学性和有效性。科学考核评价机制是指在建立考评标准和指标的基础上,从多个维度对课程体系建设进行考评,主要由老年学习者的"教师"——教学督导等多主体实施考评:一是考核老年学习者的学习情况,检测教学目标实现的效果或程度,考核的形式可以是创作作品、书面考核、问卷调查等;二是开展教研活动,组织教师对课程设置、教学过程、学员学习情况等进行研讨,及时发现可能存在的问题或偏差;三是通过聘请相关专家进行教学督导,以第三方视角对课程的实施进行评价。常态化考核评价与不定期的多元考核评价相结合,通过统计分析形成最终考核评价结果,指导课程体系建设的修正或完善,有效促进教育目标与教学过程相契合,促进老年教育多维立体化课程体系建设的科学发展。

老年教育课程体系建设是老年教育工作和内涵发展的核心,是一项浩大的建设工程,不可能一蹴而就,需要花大力气对老年人的学习基础条件和学习需求进行全面深入调查。准确把握老年人学习需求的层次和特点,以老年教育的基本目标为理论指导,加强专家团队建设和财政支持,全面构建多维立体化课程体系,有效满足老年人的学习需求,落实老年教育目标,积极应对人口老龄化社会问题,可为我国经济社会的可持续发展提供新的动力。

二、增加课程设置的多样性

不论是在学科分类上,还是在课程性质和结构标准上,老年教育的课程都体现了多样性。社会在变化,学科在发展,老年学学科也在不断变化:从古老的老年学研究长寿的学问,到现代的老年学研究老龄化的规律和老龄化对社会经济的影响,从传统医学学科拓展到新兴社会老年学学科,成为自然科学和社会科学交叉的学科。老年教育学作为老年学和教育学的分支学科,同样具备这种多学科、跨学科、交叉学科的性质,使老年教育的课程分布到各个学科领域。

(一)课程定义的多样性

课程的定义有很多,大体有广义和狭义之分。广义的课程是指所有学科(教学科目)的总和,或指学生在教师指导下各种活动的总和。狭义的课程是指一门学科或一类活动,强调了学科科目的编排和教科书的编写。课程有不同的含义:"课程"一词在英文中为"curriculum",源于拉丁文"curre-re",指"跑道"(race-course)之意。在词源学上,其含义有两种解释:一种认为,"currere"是名词形式,中心词是"道"。它强调课程应重在为不同类型的学生设计不同的轨道。另一种则认为"currere"是动词形式,指"奔跑",中心词是"跑"。它认为课程是一个人对自己经验的重新认识,强调课程应重在让每个学生根据自己以往的经验来认识事物。在这里,尽管对"课程"的中心词的解释不同,但课程都是学生认识事物的过程,让教学内容通过教学计划、教学大纲和教科书变得具体化。

现代课程意识是人文与科学相结合的课程意识:既有上级教育部门的指令性目标,也有各校根据本地情况自行设定的目标,既有教材传授灌输,又有教学互动讨论,课程与教学结合为一体,体现"教学相长"的课程理念;既有学科课程,又有活动课程,体现综合素质课程意识;既有理论课程,又有实践课程,体现"知行统一"的课程意识;既有专业课程,因材施教,又有品德修养课程,体现"厚德载物"的课程意识。

老年教育的课程是专为老年人设计的"人生轨道"。传授知识、训练能力、培养品德的课程是同样重要的,帮助老年人获得认识社会、适应社会、融入社会、参与社会的素质。它不仅告诉老年人晚年应具备什么样的素质,而且告诉老年人如何获得这样的素质。

（二）课程性质的多样性

教育学专家在研究课程所体现的性质时,有不同的侧重点。如捷克教育家夸美纽斯从泛智论出发,强调课程的"百科"性;美国教育家杜威从实用主义出发,强调课程的经验性;美国教育学家约翰逊认为,课程是预定的一组有组织的学习结果,是教育事业的目标或终点状态的叙述,强调了课程的预期性;麦克唐纳认为,课程是为了教学而计划的行动系统,而教学又是使计划成为行动的系统,因此,执行与否成了区分课程与教学的分界线,强调了课程的编排性;卡斯威尔认为,课程是学生在教师指导下所获得的所有经验,强调课程与教学一体化思想;劳顿认为,课程是从一定社会的文化里选择出来的材料,强调课程体现文化的法定性;持后现代主义课程观的认为,学生与教师在会谈和对话之中创造出比现有的封闭性课程结构所可能提供的更为复杂的学科秩序与结构,强调课程要促使人类创造性组织与再组织经验的能力在有效环境之中发挥作用,体现创造性和再创造性。课程所体现的多样性,是从不同角度来阐明教育的目的、目标,使教育的内容更适合受教育者的认知发展规律,并按国家和社会所需要的人才来设定教学计划、教学大纲,全面系统地构建现代课程体系。

老年课程体系不局限于单一性能,体现了课程性质的多样性和综合性。结合老年人的实际情况,老年教育的课程性质既有确定性的一面,如课程的目标、大纲、内容编排;又有不确定性的一面,如课程的预期目的、课时、教学方法和教学效果。确定性体现的是老年教育的规范性:课程不是零散的、漫无边际的,而是系统的、经过规划的,有明确目标的。① 不确定性体现的是老年教育的灵活性,给老年人以充分的选择余地:文化程度较低,学习文化有困难的可以从最低层次开始;身体状况不佳,坚持课时困难的可以采取临时补课方法;动手能力强的辅以动脑内容,动脑多的辅以活动,手脑并用,提高生活能力。老年教育的课程性质是多样的,要结合老年人的需求,确定内容和目标,以达到最佳的教学效果。

（三）课程结构的多样性

课程结构是指教学全过程的组成部分及各部分之间的联系。从课程结

---

① 周洁. 刍议老年教育课程开发策略[J]. 知识窗(教师版),2021(12):118 – 119.

构的内容分类,包括目标、纲要、教学要点、教学时间的分配、教学设备和方法等;从课程结构的教学方法分类,一般有观察课、讲授课、问答课、讨论课、阅读指导课、实验课、参观见习课、实习课、自学辅导课、练习课、复习课和综合课等;从课程结构的过程分类,有组织上课、检查复习、讲授新课、巩固新课、布置作业等。课程结构不是一成不变的,因而结构标准也呈现多样性,要根据不同的学科性质和教育对象来设立。不同老年人的年龄、职业、文化程度、接受学科课程的能力不同,结构标准要有所区别,使之适合老年人。

课程结构编排的系统性。老年教育的课程是为满足老年人的生存和发展需要而设立的系统教学内容,应按照不同层次老年人的需求安排课程结构,使课程适合他们的需求,易于他们接受和把握,使他们加深理解和记忆,并学会运用所学知识。在课程设计上要全方位考虑,按需施教,因人施教。老年教育要拓宽思路,要将政治思想教育渗透到各科教学中,对时事政策中的热点要及时举办讲座,请党政领导、专家学者讲学、答疑,使老年人对国家大事和世界大事清楚、明白,增强大局意识和全局意识。老年教育要将老年学校的教学工作与文艺、体育、网络等活动结合起来,在学习的基础上发展文艺、体育社团组织、网络沙龙、研究小组等,使老年人在生活中得到交流和提高,增强情趣意识和快乐意识等。

课程编排必须着眼于全面提高老年人素质,以马克思主义关于促进人的全面发展的理论为指导,开设有利于德智体美全面发展的教学内容。这与一般基础教育相同,有共性,不能忽视,但又不是千篇一律的。老年教育要结合老年人不同的心理、生理特点,贴近老年人的生活实际,吸引老年人主动学习,使他们在宽松、温馨的环境中接受教育。西塞罗曾对老年人的弱势进行了剖析,他说:"在用心思考一下后,我找到了说明老年为何显得悲惨的4个原因。首先,老年使我们离开了毕生从事的事业;其次,老年使我们体弱多病;再次,老年剥夺了几乎所有的享乐;最后,老年使我们离死期不远了。"试想,如果老年人丧失了志向,丧失了健康,丧失了乐趣,消极地接近人生终点,那么老年人的生活确实失去了价值和意义。遵循老年人的特点和规律,通过人文社会科学、自然科学以及行为科学等多样性课程编排的学习,可以改变老年人的弱者形象,驱除消极情绪,激发老年人对美好晚年生活的向往,学习积极应对老龄化的各种知识,懂得"物竞天择,适者生存"的道理,借助知识的力量改变老年人的晚年状况,学会在现代社会中生存。

课程结构类型的多元性。老年时期是人生积累最丰富的时期,老年教育的领域格外广阔,因此,老年大学的课程设置具备学科课程、文化课程、生活课程等类型的多元性,是根据社会形势和老年人需求的变化而设置的。老年学科课程由多学科、跨学科和交叉学科构成。现代社会的学科分类越来越细,从自然学科到社会学科,从一级学科到二、三级学科,甚至四、五级学科。老年教育要从数百上千的学科中选择,形成老年教育学科的多样性。

老年文化课程的设置包括传统文化和现代文化、本土文化和外来文化、大众文化和精英文化等。老年人生存在一个开放的世界中、一个多元文化的世界中,各类文化不应相互排斥,也不能照抄照搬,而要通过教育,引导老年人辨识各种文化,取其精华,去其糟粕,兼容并蓄,创新老年文化。

老年生活课程的设置也是多样的,以选择符合个人兴趣爱好的课程为主。陶行知先生曾谈到"生活即教育",认为教育极其广阔自由,如同一只鸟放在林子里面;如果将教育和生活关在学校大门里,那就如同一只鸟关在笼子里。老年人的生活世界是丰富的,不仅要学习和总结个人的生活经验和教训,还要吸取历史的经验和教训、他人的经验和教训。脱离生活实践的教育,是本本主义的教育,是没有实际意义的。以往生活中的经验和教训、现在生活实践中所遇到的问题、今后生活中要面对的挑战,都能够让老年人在教学中得到启示、找到答案,更好地发挥老年人的特长,获得高质量的生活。

课程结构标准的创新性。老年人的课程结构标准不是统一的,理论学科以讲授、讨论课为主,而应用学科则以讲授和练习课为主;重理论轻实践,或重活动轻理念,都是片面的。通过多种方式调动老年人的感官系统,视、听、读、写,动手、动脑、动腿、动脚,"寓教于乐",可以提高老年人的学习兴趣,减轻老年人记忆的压力,让老年人在宽松的环境中获得所需要的知识,使上课成为愉悦身心的过程。金陵老年大学的课程设置涵盖了学科课程、文化课程和生活课程(如表7-1所示)。学科课程将社会学科与自然学科结合:开设了文学、史学、法学等课,讲授基本理论知识;开设了卫生保健课,对老年人进行科学养生、科学健身教育。文化课程针对老年人的需求,开设了书画课,讲授美学知识和技法;开设了外语口语课,用于老年人参加出国、接待来访等日益增多的国际交流活动;开设了电脑课程,在老年人中推广利用和使用计算机,让他们学会电脑汉字输入、上网浏览和检索有用信息等。生活课程针对提高生活质量,开设了烹调、花卉、旅游、证券投资等课程,便于老年人参与社会经济活动。各类课程的结构不同,标准不同,课程设置只有不断适应社会发展和满足老年人的需求,才能使老年学校与时俱进,常办常新。

表 7 – 1　金陵老年大学课程设置列表

专业		课程	教学内容
学科课	文史系	文学、写作、欣赏、历史、法律等	讲授文学、历史、法律,学习小说、诗歌、散文、报告文学、杂文等文体的写作和欣赏
	卫生保健系	老年保健、康复保健、中医养生、心理卫生、推拿保健、食疗药膳等	讲授老年医学科普知识,老年生理、心理、常见病的综合康复保健等
文化课	外语系	英语口语	讲授情景对话和口语练习,从日常生活用语入手,不断提高听力、会话与交流能力
	电脑系	电脑初级、网络、平面图形处理	以实际操作为主,讲授 Windows 操作系统、Word、网上冲浪等电脑基础知识
	书法系	楷书、行书、隶书、草书、篆书、硬笔、篆刻等	讲授书法基础知识和各种书体的笔法、结体、章法等技法
	国画系	花鸟、山水、工笔等	讲授各种画法、技法、画理、构图等
	文体系	交谊舞、民族舞、拉丁舞、二胡、古筝、琵琶、民族乐器、健身操、太极拳、声乐、钢琴、电子琴等	讲授文体技法要领
生活课	生活艺术系	烹调、花卉、摄影、手工艺术、室内环境艺术、旅游地理、证券投资等	讲授生活艺术技法要领

第八章　教育养老制度设计及影响层面

通过研究发现老年教育的发展具有促进老年个体的身心健康与全面发展、提高老年人养老生活质量的重要价值和功能,进而思考如何将老年教育与养老保障有机融合,提出"教育养老"概念。教育养老是一种全新的养老理念与养老方式,它通过政府鼓励、支持和引导老年群体参与各种不同层次、内容与形式的教育文化活动,实现老年群体养老生活的愉悦与整体素质的提升,促进老年人养老质量的全面提高。教育养老的研究是老年教育研究的新内容,它赋予了老年教育全新的价值和使命。教育养老的研究,为破解中国日益加剧的养老精神生活困境提供了一条全新的路径,教育养老的实施将推动社会养老保障事业进入一个全新的时代。

第一节　教育养老的制度设计

中国老龄化问题不只是人口年龄结构的老化,而是人口老龄化与经济、社会、文化等发展表现出的种种不适应的总和。人口老龄化背景下两亿多中国老人的养老问题已经引起当前政府和全社会的普遍关注。以往学界多视养老问题为社会问题,从管理学、社会学等学科视角探求社会养老政策的完善。本书从研究老年教育中发现老年教育具有促进养老质量改善的重要功能,提出实施教育养老的新思路,来破解养老精神生活困境。教育养老制度的设计是教育养老实施的核心。本节将围绕教育养老制度如何设计展开讨论。

一、教育养老制度设计的思路和原则

(一)教育养老制度设计的思路

教育养老制度设计的定位,既不能局限于教育,又不能局限于养老。教

育养老的目标定位为通过实施老年教育促使老年人养老生活质量提升。教育养老制度设计的落脚点在于养老,制度实施的手段是教育。如果只偏重于养老而忽视教育,则势必又陷入现有养老问题研究的既有视野中,无法从理念、方法、手段上突破解决养老问题的瓶颈。因此,教育养老制度设计应是教育与养老理论与实践的完美结合,是现行教育政策与养老政策的重新整合,应是整体性治理理念下一个全新的教育养老的政策制度设计。

在教育养老制度设计的政策渊源和现实意义明晰,对教育养老制度属性和功能形成统一认识之后,如何设计教育养老制度?其基本思路如下:首先,要对教育养老制度如何设计进行清晰的定位,提出制度设计需要坚持的基本原则;其次,要制定教育养老制度实施的目标;再次,应构建制度设计的基本框架与内容体系。

(二)教育养老制度设计的原则

1. 整体性设计原则

整体性设计原则是针对目前养老政策和老年教育政策相互独立、孤立分散的现状而提出的。它是教育养老制度必须遵循的一个重要原则,强调将养老与老年教育等诸多碎片化的问题整合起来,立足于实现教育养老的高度,去整合社会资源,完善组织架构,促进教育养老的制度设计更加合理化和高效化。良好的制度是解决问题的关键,尤其对于养老问题,更应该综合考虑社会养老的各方面因素,用系统论整体性的方法来构建教育养老制度体系。教育养老制度体系设计应该具有层次性、结构性和关联性,这样才能确保教育养老制度体系各要素紧密衔接、有效运转,保障教育养老制度功能价值最大化。

2. 多元差异化原则

中国国土面积辽阔,各地经济文化发展水平差异化显著。因此,教育养老制度设计和实施应充分考虑经济文化发展不均衡的现状,不同地区、不同民族以及城市与农村,在制度设计中既应有所覆盖,又要坚持差异化、多元化原则。目前我国教育发展存在城乡之间不均衡的问题,经济较为落后的中西部地区以及农村地区,应是政府今后实施教育养老制度时关注的重点。政府应该通过财政补贴的方式,来弥补中西部教育投入的不足,确保养老教育能够在全国各地公平普惠地实施。同时,设计教育养老制度时应鼓励各地因地制宜地多样化发展,促使教育养老满足不同年龄、文化素质和经济条件的老人的不同教育养老需求。①

3.公平普惠性原则

教育养老制度作为教育公共产品,其制度设计应追求公共服务均等化目标,即制度设计要覆盖到大多数老年群体。普惠性原则并非教育资源服务于养老时的绝对平均,而是应使尽可能多的老人享受到相对公平的教育养老资源。结合中国国情,就是要坚持面向基层、面向社区、面向农村的原则,坚持公益性的方向。政府应该明确实施教育养老的主体责任,不能采取市场化的方式来实现教育养老。教育养老制度作为上层建筑,其设计只有坚持公平普惠性原则,才能保证制度的公共政策属性,才能避免制度实施偏离方向,才能让更多老年人从教育养老实施中受益。

4.兼容可行性原则

随着中国人口老龄化的加剧,养老问题矛盾重重,变得越来越复杂,因此教育养老将成为未来中国相当长一段时间需要持续努力奋斗的事业。教育养老制度设计不可能一蹴而就,作为国家的一项长期的公共政策选择,需要根据人口老龄化不断出现的新问题而不断调整完善。因此,教育养老制度设计走渐进式改革道路更适合中国的国情,更具有可行性。此外,教育养老制度不仅需要与现有的其他养老和教育制度相互融合,还要具有前瞻性,即能对未来养老问题做出预判并在制度设计中予以涵盖。

二、教育养老制度设计的目标

(一)促进老年人全面发展

21世纪以来,终身教育理念在各国影响深远。老年人是社会成员的重要组成部分。老年人的受教育权应该得到重视和保障。当前教育体系中学校教育阶段关于养老教育内容的缺失,或许在一个人生命中的早期和中期阶段,其负面作用并不会显现,只有在其退出工作岗位后才会慢慢浮现。如

---

① 谢飞.健康中国战略下体育教育养老的制度设计及其实现路径研究[J].就业与保障,2020(17):37-38.

果缺乏相关养老制度设计的干预,这样消极的影响将会贯穿于老年人漫长的养老生涯,直至生命终结。现实生活中,很多老人退休前和退休后判若两人,离开了熟悉的岗位和工作环境,没有了正常的人际交往,生活习惯也改变了,导致心理落差逐渐形成,养老质量慢慢下降。教育养老制度设计的目标正是弥补个体受教育中关于如何养老的内容缺失,在老年阶段为老年人提供养老教育服务,通过对老年人进行生命教育、休闲教育和幸福教育等活动,促进老年人的身心健康和全面发展,提高老年人的自我养老保障能力,帮助老年人应对养老生活面临的诸多挑战。

(二)促进老年人养老生活质量的提高

老年期是人一生中重要的生命阶段。受中国人口政策的影响,未来很长一段时间,相当多的中国老人随着子女长大成家将成为空巢老人。老人养老的精神困境将成为一个普遍并长期存在的社会问题。尽管政府对老年人的精神生活高度重视,但是至今为止,关于提升老年人的精神生活质量的政府顶层制度设计还未形成。教育养老制度即是基于此问题的制度设计的突破。教育养老制度的目标定位为促进养老,这就决定了有助于老年人养老生活改善的教育内容都应是制度内容设计的组成部分。教育养老制度内容的设计应随着老年群体养老需求的不同而有所区别。教育养老制度设计不能一劳永逸,应随着社会文化的发展而不断改变和完善。

(三)促进社会和谐、可持续发展

中国是一个有着悠久的尊老历史和敬老文化传统的大国,老年人在家庭和社会中的地位通过家庭成员和社会成员的尊老、爱老行为得以体现。老年人是一个国家的宝贵财富。对于家庭而言,老年人在促进家风传承、促进家庭和谐发展方面发挥着重要的典范作用。老年人保持乐观向上的心态有助于维护家庭的团结和稳定、促进家庭成员间的关系和睦融洽。老年人积极有为,主动参与家庭事务,对孙子女的养育,可以大大减轻子女的负担,使他们能从家庭事务中适当解脱,更好地投身于社会、贡献社会。老年人积极参与社会,利用所长发挥余热,服务和贡献社会,能有效缓解老龄化造成的诸多社会矛盾,有助于重塑老年人的形象,有助于社会成员相互理解和信任。教育养老制度设计的目标是通过实施教育养老活动,促进老年个体自身的发展,进而推动每个家庭和全社会的和谐、可持续发展。

三、教育养老制度体系的基本内容

(一)明确教育养老制度的责任主体

政府是教育养老服务的供给者和实施者,是教育养老制度体系中最重要的主体。由于政府在教育养老制度体系中占主导地位、承担主体责任,因此教育养老走产业化方式是不可行的。教育养老产业化与教育养老制度的本质区别在于实施的主体不同,以追求利润为目标的企业等组织在提供教育养老服务时,很难做到将老年群体的公共利益放在首位。教育养老的对象是中国上亿的老年人口。在保障老年人的养老权益方面,政府是主体,具有不可推卸的责任。同时,鉴于中国老年人口的养老现状,若教育养老制度主体只有政府,则难以满足老年人口日益增长的教育养老需求,因此应该在坚持政府是教育养老制度第一责任主体的基础上,通过政府出台政策吸引和鼓励各类社会组织以及社会各界人士积极地投身于教育养老事业。具体而言,可以加大老年学校的建设力度,完善基层社区、街道办以及农村村委会的职能,使他们成为实施教育养老制度重要的组织载体。

政府作为教育养老制度设计的主体,应具体考虑到由哪个部门负责制定教育养老制度。笔者认为,教育养老致力于解决养老问题,养老问题是老龄问题的重要内容,因此负责老龄工作的全国老龄委和各级政府的老龄办应负责教育养老制度设计的总体规划。目前全国各地老龄工作机构设置五花八门。有些地方没有单设老龄工作机构,而是和地方的一些行政部门联合办公,老龄工作机构内部人员的配置各地不一样,老龄工作机构员工关系还未理顺,这些因素极大地阻碍了老龄工作的顺利开展。因此,如果老龄工作机构责任不明确、权力不清晰,全国老龄委与各地老龄办管理体制不健全,隶属领导管理关系不明确,老龄委与政府财政部门、社保部门、教育部门之间缺乏横向的协作沟通,教育养老制度设计就无从谈起。因此,应通过立法赋予老龄工作机构实施教育养老的领导和管理权限,明确其职责和义务。在中央及地方老龄机构内部组织管理中,应对机构设置及职责权限统一规范,做到分工合理、权责清晰;同时,应加强老龄工作机构与政府各部门的职能协作,最终形成以全国老龄委和各级老龄工作机构为制度责任主体,以各级教育部门、社保部门和财政部门等职能部门为制度补充的多元化教育养老制度主体。

（二）构建教育养老组织管理机构

教育养老组织管理机构应负责教育养老制度的制定、实施和监管等各项工作，为教育养老制度实施提供政策支持和经费保障，培训教育养老管理人才和养老教育专业人才。笔者认为，我国教育养老的组织管理，应实施分级管理办法，即国家老龄委负责制定教育养老政策，负责教育养老实施的内部管理和监督，负责协调政府财政部门向地方提供教育养老实施的经费拨款。各地地方政府或老龄办负责制定具体实施方案和实施细则，负责组织开展教育养老活动。各地老年大学和老年学校应成为教育养老实施的重要主体。教育养老组织机构应隶属于老龄委，成为老龄委养老工作的重要机构。社会团体、企事业单位、公益组织也应积极参与教育养老事业，并履行教育养老的第三方监督责任，保证教育养老实施不偏离目标，朝着制度设计目标前进。

教育养老组织管理机构要想有效工作，还应制定相应的教育养老机构组织运行管理制度。机构组织运行管理制度要明确教育养老的责任主体，明确老龄委与各级地方政府和地方老龄办等上下层级之间的隶属管理关系，明确教育养老组织管理机构与相关政府部门如教育部门、财政部门等机构之间的职能上的权责义务关系。教育养老组织运行管理制度的具体内容应包括教育养老制度管理办法、实施细则、监督考核办法、人事管理办法和经费管理使用办法等。

（三）培养和开发教育养老专业人才

为积极应对老龄化问题，满足老年群体多样化的教育养老需求，多渠道培养专业化、高素质、相对稳定的教育养老管理与服务人才是极其重要的。教育养老管理人才应是从事这一事业的专职人员，可分为初级、中级、高级人才三类。初级人才主要面向基层社区和农村，他们应具备社区或农村工作经验，热爱养老事业，他们的工作直接面向老年人。中级人才可以来自现有的老龄管理部门，也可以来自文化教育等相关企事业单位。他们从事的是教育养老的管理工作。高级管理人才主要是省、市以上教育养老工作部门的管理者。他们的职责是面向本地,制定教育养老的具体实施方案,整合各类资源,为教育养老实施提供经费支持以及物质文化等各种资源。教育养老服务人才主要是提供公共养老教育服务的人力资源,这部分人才应是有一定文化程度或一技之长的中高级专业人才,只有这样的人才才能胜任不断提高老年人的养老服务需求的工作。教育养老专业服务人才可以是专职,也可以是兼职,或是社会上的专业志愿者,甚至可以是老年人群体中的一部分,可以是医生、教师、工程师等不同的社会职业者。教育养老制度实施所需的专业人才应以专职人员为主,兼职为辅,以保障教育养老实施的有效性和持续性。

目前我国老年教育专业人才的缺乏在很大程度上限制了教育养老活动的开展。需要关注的是,教育养老专业人才的缺乏,使得社会上以营利为目的的老年产品推销员乘虚而入,占领了老年人养老的精神文化活动阵地,这种畸形的老年教育现状在我国较为普遍。电视上各种养生节目鱼目混杂,广播里随处可听到老年病防范预防讲座,小区里宣传、推销各种老年保健品,这些负能量的老年教育宣传,对老年人的养老生活造成了很大的影响。有的老人因为买保健品而花光养老积蓄,有的老年人陷入各种养生误区,对自己的身心造成极大的伤害。因此,教育养老制度设计中,教育养老专业人才的培养和开发十分重要。笔者认为,养老是未来中国需长期关注的社会问题;应加大教育养老制度实施所需的专业人才培养力度;高等院校有条件时可设置相关专业,联合培养具备教育养老服务意识与能力的高级管理人才和专业技能人才。

(四)筹集和管理教育养老经费

教育养老作为公共养老事业,其实施离不开政府公共财政的支持。教育养老经费来源稳定,经费保障充足,可以有效促进教育养老的可持续发展,是教育养老发展的重要基础。目前,国家对老龄事业的资金来源在相关文件中没有明确规定。现有的地方老年教育运行所需的经费大都来源于我国政府部门的财政拨款。随着老龄化的加剧,教育养老的财政预算和拨款应成为政府公共财政供给的重要内容,有条件的地方政府在财力许可的前提下,应加大教育养老财政投入,创新教育养老资金筹集管理办法。政府的投资是教育养老经费的主要来源;政府在投入财政经费的同时,应鼓励和创新其他筹资方式,确保教育养老经费来源的稳定性。教育养老是养老保障的组成部分,因此其经费来源也可以探索性地从社会养老保险金中通过科学核算按一定的比例划拨。政府应设立教育养老财政专项基金,并明确基金管理、运行和监督办法,引入第三方对基金实施监管;同时,应制定政策吸引和鼓励民间闲散资金或其他社会养老资金投入教育养老事业中。

为确保教育养老经费的有效使用,政府还应制定相应的教育养老经费管理办法,在经费管理办法中明确经费的主要来源、经费如何预算、经费如何管理、经费使用如何监督和审计等具体内容。教育养老经费的使用与管理,可以借鉴非营利组织的财务管理办法,做到经费使用公开透明、经费管理合理高效。对于通过社会渠道筹集的教育养老基金,应引入独立的第三方组织进行管理监督,做到基金运行公开透明、高效有序。

第二节　教育养老制度设计的影响层面

教育养老制度的顺利实施,需要政府、社会和老年人个体三方共同努力。依据公共政策理论,本书从教育养老制度涉及的主体和客体即政府、社会和老年人个体三方面展开具体分析,探讨教育养老制度设计的影响层面。

一、政府层面

(一)提高制度决策层对实施教育养老重要性的认识

教育养老理念的产生是社会发展到一定程度的产物,是我国全面实现小康社会进程中养老保障的新内容。教育养老作为一种全新的养老生活方式和养老理想,一经产生,不可能立即就被社会接受或认可。任何新思想和新制度被社会接受都需要一个过程,甚至会引起社会的争论。因此,教育养老制度的顺利实施,首先要得到制度决策层即各级政府教育养老管理部门的认可和重视。当前各级政府负责管理的事务纷繁复杂,工作任务重。很多部门忙于眼前的工作,势必造成对教育养老重要性和现实意义认识不足,不利于推动实施教育养老工作。教育养老实施不仅为中国养老问题的解决提供了全新的理念和具体的路径,而且对当前服务型政府的构建意义重大。教育养老要想顺利实施,首先制度决策层——政府应高度重视教育养老,应加大对教育养老实施意义的认识和宣传力度。实施教育养老,应认真做好动员组织工作,为制度实施营造良好的舆论环境,有效避免教育养老实施过程中各方产生疑惑或顾虑,提高教育养老实施的效率和效果。只有政府在教育养老实施的重要性问题上统一思想认识,教育养老制度才能顺利执行。

各级政府的主流宣传媒介应成为宣传教育养老制度的重要机构。电视、广播、报纸、杂志等传统媒体是老年人获取资讯的主要渠道,因此要加大教育养老在这类媒介的宣传力度。要积极宣传教育养老在社会主义精神文明建设中的作用,宣传教育养老成功案例,宣传教育养老在促进老有所学、老有所乐和老有所为等方面的成就,吸引更多的老年人主动积极参与教育养老。同时,在教育养老宣传中,不能忽视新媒介的作用和价值。各级政府应充分利用网络向年轻人宣传教育养老制度,促使社会全体成员尊老敬老,形成全社会关爱老人、关心养老的良好氛围,鼓励老年人以积极主动的心态,参与到政府实施的各种教育养老活动中去,促进养老生活质量的全面提高。

(二)促进教育养老社会资源的最大化整合

教育养老的实施,需要政府借助行政权力去整合社会上的各种教育养老资源。教育养老的社会资源包括教育资源和养老资源。教育养老中教育资源的整合包括现有的高校教育资源、网络教育资源等的整合。在高校扩招与高考招生生源逐年减少的现状下,应充分利用高等院校的教育资源开展高层次的教育养老活动。高等院校可以给教育养老提供的资源主要有:教学设施、场地等硬件设施和师资力量等人力资源。目前我国有相当数量的高校因校区合并调整或新校区建设,使得部分校园教学设施闲置。政府应制定政策鼓励高校将这些闲置的国有资源服务于社会,鼓励高校与地方政府及社区等加强合作,共同实施教育养老;同时,应充分利用开放大学、电大系统与远程教育资源,发挥它们灵活方便、特色突出、费用低廉等优势,在人才培养、课程设置和养老服务等方面支持教育养老的实施与发展。教育养老中养老资源的整合应重点关注如何将市场上大量的养老资本吸引到教育养老事业中来。

（三）加大教育养老的公共财政投入

中央政府和各级地方政府应加大教育养老的公共财政投入，把教育养老经费纳入各级政府养老事业经费或公共教育经费财政预算。教育养老组织管理部门应建立教育养老专项经费管理使用制度，以促进教育养老经费合理有效使用。同时，要发挥政府和市场双重作用，建立教育养老成本分担机制，探索"政府投入为主，社会教育养老资金为辅，受教育者老人适当收费"的多渠道教育养老经费筹集机制。政府通过购买教育养老服务、对老人实施教育养老补贴等方式，引导社会力量和企事业单位实施教育养老。同时，社会各界应创造教育养老制度环境，鼓励社会成员或其他公共组织通过投入资金、提供场地或服务等多种方式参与到教育养老公共事业中。探索从社会养老基金中根据老年总人口数按比例划拨教育养老发展经费，以弥补教育养老财政投入的不足也是十分有必要的。

二、社会层面

（一）家庭成员的理解和支持

在尊老爱老传统文化的影响下，我国的老人不仅在家庭中有着较高的地位，而且发挥着重要的作用。20 世纪 80 年代，我国开始实施人口计划生育政策，独生子女数量急剧增多。目前，20 世纪 80 年代出生的第一批独生子女现已超过 40 岁，他们的父母已经步入老年，这些老人中有相当多的人在家庭中承担着孙子女的代际抚养和照料的责任。教育养老的提出，在某种程度上是为了唤起家庭成员对老人养老问题的重视，特别是应关注老年人的精神生活。教育养老要想顺利实施，就离不开家庭成员对老人的养老支持。教育养老制度的实施，有助于增强家庭成员间的相互理解和支持，子女应多体谅父母，加强与父母的沟通，尊重父母的兴趣爱好，满足其养老需求。比如，多支持老人参与社会养老活动，支持老人去老年大学学习，支持老人参加各种有益于老年人身心健康发展的教育养老活动。同时，子女们应该主动承担起家庭的重任,留给老人们更多的休闲养生时间,去享受晚年人生的乐趣。通过家庭成员间有效的沟通和交流,如子女向老人传递社会最新发展变化等信息,可以使老年人在居家养老生活中扩宽视野和眼界,避免与社会脱离,增强老年人养老的自信。只有中国亿万个家庭的家庭成员关注和支持教育养老,才能唤起整个社会对教育养老的关注,最终推动教育养老的发展。①

(二)邻里的互助和帮扶

随着独生子女逐渐长大,中国老人养老获得的来自家庭成员间的代际支持逐渐减少。多数老年人养老生活单调,精神上缺乏来自亲人的关怀和体贴,因而显得较为孤独。中国自古就有远亲不如近邻的说法,邻里间的互助和关爱是社会主义和谐价值观所积极倡导的主要内容。邻里间的帮助和关心可以有效弥补家庭成员对老人养老照料的不足。邻里间的互帮互助也有助于营造全社会尊老爱老相互信任的社会风尚。教育养老倡导实施主体的多元化,邻里间对老人们的养老照料和养老服务,是教育养老实施的重要形式,它以最低的成本完成了较高质量的教育养老保障。邻里间的互帮互助不仅保障了养老生活,更通过这种服务和关爱提升了老人的精神生活品质。

(三)社区教育养老活动的创新

社区养老是我国当前主要的养老方式。社区在实施教育养老方面有着天然的优势和条件:社区是中国老年人生活的固定场所,也是他们养老的重要活动场地。在社区实施教育养老,老年人参与方便,容易接受。社区的环境条件、硬件设施和管理服务水平直接决定着教育养老能否在社区顺利开展。在社区开展教育养老,应创新教育养老活动,使教育养老活动在社区的开展能有针对性地满足社区养老需求,符合社区养老文化,进一步形成特色鲜明的社区教育养老模式。社区教育养老既要突出对老年人的教育,又要兼顾老年人的养老。社区教育养老活动的内容要致力于满足老年人养老的

---

① 吴燕.教育养老的制度设计及其实现路径研究[D].西安:陕西师范大学,2016.

物质生活和精神生活需求,切实提升老年人的养老生活品质。

三、老人个体层面

(一)树立积极养老的理念

关注社会养老,已成为各国政府的主要责任。制定完善的养老保障制度,从医疗、照料和救助等方面保障老年人的养老生活,各国政府都在这方面做不懈的努力。老年人自身的养老理念,对养老质量也有着重要的影响。积极老龄化不仅应成为全社会所倡导和贯彻的理念,更应成为老年人自身的养老生活方式。日常生活中,不难发现,在同样的境遇和环境下,不同的老人具有不同的心态。如面对疾病困扰,有的老年人悲观恐惧,有的则豁达乐观。因此,老年人对自己养老生活的态度是影响其养老质量的重要因素,老年人树立积极养老的理念是教育养老实施的关键所在。老年人积极乐观地主动养老,不仅有助于自身的身心健康、家庭的和谐幸福,而且对社会发展起着积极的正向引导作用。老年人积极乐观地主动养老,有利于重塑老年人的形象,促进全社会成员对老年人的正确认识和理解信任,促进尊老敬老文化传统的发扬,促进社会的和谐发展。

(二)建立和谐的人际关系

多数老年群体在退休后存在人际交往障碍。因退出工作岗位,离开了熟悉的环境,有的老人将自己封闭在家,足不出户,对社会的关注越来越少,与周围人的交往与交流也逐渐减少,表现为怕出门,怕与人交谈,或者容易与人产生矛盾冲突,人际关系紧张,精神长期压抑,这势必影响到自身的身体健康和养老生活质量。教育养老关注老年人的精神生活,通过设计实施教育养老制度,鼓励老年人走出家门,参与社会,积极构建和谐的人际关系。实施教育养老,有助于促使老年人认识到人际交往的必要性和重要性,倡导老年人积极融入社会,增强老年人与社会成员和谐相处的能力,培养老年人的社会认同感,促进老年人心理健康水平的提高。

(三)保持继续学习的热情和能力

老年人丰富的社会经验和阅历来自一生中不断的积累和学习。如果长时间放弃学习,随着年龄的增长,老年人的记忆力、注意力、接受新事物的能力都会下降。读书学习可以陶冶老年人的情操,让老年人保持乐观的生活态度,而愉悦的身心能够让老年人延年益寿。教育养老制度的实施应激发老年人的学习兴趣,鼓励老年人参加各种学习活动和养老活动。教育养老制度通过设计丰富多彩的养老学习活动,让老年人在学习新知识的过程中,开阔视野、培养兴趣,提高对养老生活的热情。老年人对养老生活态度的改变,无疑对自身养老生活质量的提升起着关键性作用。

第九章　老年教育供给侧改革与发展路径

　　随着我国供给侧改革向纵深推进,人民生活水平显著提高,老年教育学习需求更加多样化,供不应求、供给不均的问题越发明显,进行老年教育供给侧改革是适应经济发展新常态的必然要求。老年教育供给侧改革立足于供给侧,通过老年教育资源要素的有效配置和利用,使老年教育供给与市场需求变化相对接,满足市场发展需要,以提高老年人的生命和生活质量。

第一节　老年教育供给侧存在的问题

　　"供给侧结构性改革"是中国应对经济转型再平衡的主导思想,其核心内涵是解放生产力,强调在供给角度实施结构优化、增加有效供给的中长期视野的宏观调控。该词最早由亚当·斯密、萨伊、阿瑟·拉弗、万尼斯基、费尔德斯坦等人提出,他们认为推动经济进步的能量来自市场,而非政府力量,倡导政府在经济政策上减少对市场的管制和干预,但在放手经济管控的同时要创造良好的环境,以保证市场中生产力的有效更新和运转。老年教育供给侧改革将带来深远的影响,但是从目前来看,老年教育因受到供给主体的制度支持不足、需求主体的接受意愿不足、管理体制不顺、教育观念陈旧、教育形式单一等多重因素制约,而出现了供需矛盾突出,经费投入不足,教育内容无法满足多元需求,优质文教产品匮乏的情况。

　　1999 年,60 岁以上的人口占到总人口的 10%,标志着我国正式进入老龄化社会。据测算,2030 年和 2050 年,中国的老年人口将达到 3.7 亿和 4.8 亿。我国将于 2025 年进入深度老龄化社会,2035 年进入超级老龄化社会,速度之快在世界上是没有过的现象。未来 30 年,我国人口老龄化形势将更加严峻。

面对严峻的老龄化挑战，我国亟须开拓一条具有中国特色的积极老龄化路径，其中大力发展老年教育，满足老年人不断增长的精神文化和学习需求，是非常重要的一个环节。

当前我国老年教育取得了巨大成绩，但同时我们也要看到老年教育还存在资源供给不足，城乡、区域间发展不平衡，保障机制不够健全，部门协调亟待加强，社会力量参与的深度和广度需要进一步拓展等问题。解决这些问题，推动老年教育持续健康发展，是当前和今后一个时期积极应对人口老龄化、大力发展老龄服务和终身教育事业的迫切任务。

一、对老年教育的重要性认识不够

虽然国家层面高度重视老年教育的发展，但目前各地对老年教育的重要性认识还存在偏差。多数地方尚未把发展老年教育纳入其经济社会发展总体规划、教育规划和民生规划，老年教育没有按照继续教育和终身教育的要求，被纳入事业单位解决机构设置、人员编制和经费投入的相关规划中。一些地方政府与社会有关方面对老年教育的理念认识模糊，认为"老有所学"属于锦上添花的事情，在资源有限的情况下，要着力解决"老有所养""老有所医"的问题，"老有所学"可以往后排；一些部门和单位认为老年教育是老干部局与老年大学（老年学校）的事，支持和参与老年教育的意识不强；还有一些单位和部门的老年教育就是让老年人唱歌跳舞、写写画画，对老年教育的内容和形式的认识比较狭隘。一些经济条件较差和文化素质相对较低的老年人，学习需求不高或者没有学习需求。这些认识问题的存在，造成重视和推动老年教育的力度不够，影响老年教育的发展。

二、教学内容和形式比较单一

目前，我国老年教育的教学内容基本上以娱乐健身等兴趣班为主，而对与老年人生活有密切关系的老年维权、金融理财、电脑网络等内容则很少涉及。在教学方式上主要采取课堂教学的形式，对网络、智能终端等现代教育手段的应用不够。以福建省为例，在课程设置上，全省尚未建立统一的老年教育课程体系和教学大纲，许多老年教育机构特别是基层机构缺乏指导性文件，在选取教材、专业内容、硬件设施等方面缺乏统一的规划与施行标准。

许多老年教育机构由于师资等限制,只能开设一些声乐、器乐、书画、舞蹈、摄影、烹饪等基本课程,关乎老年人心理健康、自我价值实现、社会参与等方面的内容几乎没有。教学设计上,许多课程未能专门针对老年人制订教学计划、大纲和编写专门教材,针对性不足。同样的课程,分层次教学不够,还不能有效满足多层次、多样化的学习需求。远程教育课程缺乏互动性,内容不实用,工作人员操作播放设备、计算机、智能手机的能力比较弱,老年人对空中讲堂、多媒体、网络等现代教育手段的接受能力不强。这些情况使得老年教育机构发展水平低,不能满足老年学生对知识的需求,间接导致课程对老年人的吸引力不够,老年人学习参与率较低。

三、各类资源供给严重不足

现阶段,我国老年教育体系是以老年学校和老年大学为主,社会老年教育资源短缺,教育资源供给存在着以城市为中心、以老干部为主体的倾向,忽略了对广大农村和弱势老年群体的必要关注,也无法体现老年教育的公平性、普惠性。据统计,全国现有各类老年学员 1300 多万人(包含远程教育学员)。但我国有 2 亿多老年人,因此入学率很低。在办学条件较好的地区,多数老年教育机构一座难求。以福建省为例,每年老年大学报名期间都会出现排长队和找关系的现象,即使通过班额扩容、调整班次等手段,仍会出现热门专业报不上名的现象。2019 年 7 月,福建省老年大学新学年开始网上报名,出现 16 万人"秒杀"1.4 万个学位的状况,再创报名历史新高。

四、保障体制机制不够健全

按照组织管理体制的不同,我国当前以老年大学为主体的老年教育机构大致有四种类型:一是由组织部、老干部局主管的老年大学;二是由教委(局)主管的老年大学,如上海市和苏州市的老年大学;三是在极少数已制定老年教育地方法规的城市,如天津市,其老年大学属于公办与民办并存体制;四是由社会力量自办的老年大学。我国大多数地方的老年大学均属第一类,如山东省各层级老年大学(学校)均由党委领导、老干部局主管。这些老年大学无法满足更广泛的老年教育需求,急需进行供给侧改革,打破原来的办学体制,扩大老年教育覆盖面。①

五、城乡区域间发展不平衡

我国经济社会发展存在区域不均衡的情况:东西部不同地区之间、农村与城市之间存在较大差距,决定了老年教育发展也存在差异性。这些差距是多方面的,既有发展条件的差距,又有认识理念的差距,还有工作力度的差距。据统计,目前,我国在各类机构学习的1300多万老年人,大多集中在大中城市及小城镇,农村人口占比非常小。

老年人的学习参与率可以反映一个地区的老年教育发展水平:福建沿海地区如福州、厦门、泉州等地的老年大学年平均培训人数10000人以上,经费投入较多,在1000万元左右;而山区则相对落后,如南平、龙岩、宁德等地的老年大学年平均培训人数只有5000人左右,经费投入为一两百万。从中可以看出,福建沿海发达城市相比山区更加重视老年教育,且办学条件更好,老年学校比较受老年人欢迎。

六、统筹协调机制亟待加强

由于老年教育工作涉及教育、组织、老干、民政、卫生、文化、人社等部门,他们在各自职责范围内开展工作,缺乏牵头部门承担有效的沟通协调和管理职责,客观上存在多头管理、各自为政的情况,工作部署、资源使用等方面的统筹协调不够有力,办学资源的效益没有得到有效发挥。省、市、县三级老年大学由老干部部门主管,乡镇、村居两级的老年教育则由老龄办主管,上下不一致。由于对老年教育工作缺乏系统的评估考核机制,老年教育工作没有被纳入地方和部门的绩效考核,相关工作成了"软任务",使各地不太重视老年教育。老年教育至今未被纳入国民教育体系,存在多头管理的问题:除了老干部部门、老龄办,还有其他主管单位,如教育、文化、民政、总工会等部门。

七、老年教育师资力量匮乏

当前,我国各级各类老年教育机构普遍没有专职教师,而聘任的教师难

---

① 王璐.社会工作介入城市社区老年教育的实务探索:以衡水市L社区"老有所学"支持性小组为例[D].兰州:甘肃政法大学,2021.

免有"过客"心理;从事老年教育的教师待遇相对较低,甚至有些是无偿劳动,专业教师通常不愿"低就"——不接受老年教育教师职位的聘任。以福建省为例,各地老年教育刚被纳入教育部门的管理范畴,相关部门缺少专门的老年教育管理人员,有的市、县没有一个专职人员,不利于对老年教育进行科学规划和专业管理。老年教育机构的人员也普遍不足,即便是办学条件最好、作为老年教育主力军的三级老年大学,由于办学任务多,也存在组织管理人员不足的问题。以福建省宁德市为例,市老年大学现有编制6人,各县级老年大学除蕉城区老年大学有4人外,其他各县(市、区)老年大学的编制为1~2人。各类社区、农村老年学校则只有兼职管理人员。在专业能力方面,有关部门和老年教育学校普遍缺少老年教育专业人才和养老相关专业的人才,制约了老年教育工作的专业化水平。

各级各类老年教育机构基本没有专职教师,在办学中普遍存在聘请教师难的情况。老年大学任课老师大多是退休人员,属兼职性质,而且数量很少,其专业性、稳定性、持续性都比较差。此外,老年大学很少制订针对教师等专业人士的培养计划,更没有设立相关的培训组织,同时缺乏覆盖范围广的教师人才库和共同分享机制。主要原因是鼓励专业人员担任老年教育兼职教师的激励机制还没有建立,甚至有一些限制。比如:有的公办单位限制职工在外兼职;老年教育的授课酬金普遍较低,一般不到社会正常水平的一半,有的兼职教师参与老年教育甚至没有报酬;还有的老师担心承担老年教学任务会有"在外面挣外快"之类的议论;等等。多种因素致使机关、学校、事业、企业的专业人才担任老年教育教师的积极性不高。加上所聘教师大都是退休兼职老师,且职称普遍较低,聘了之后队伍也不够稳定,难以保障教学质量。

八、经费投入严重不足

目前来看,各地政府在老年教育上的经费投入不足,已成为限制老年教育发展的普遍性问题。由于政府部门的投入不足,一些老年教育机构缺乏经费,只能依靠募集的资金以及学员交纳的学费办学。由此导致分级分类办学格局迟迟不能建立,且无法启动远程教育,有些经济条件欠佳的老年人上不起学。

虽然各级老年大学每年的办学经费都被列入预算,但是经费偏少,一些市、县也尚未落实生均经费的标准,资金安排不能满足办学的需要。乡镇(街道)、村(社区)对老年教育的财政支持力度更是有限,许多乡镇没有安排老年教育经费,一些村级集体也无力拿出资金开展老年教育。许多老年大学、基层老年教育机构通过负责人或离退休老干部学员找领导审批一次性经费等方式来争取资金,或是通过老年教育机构负责人、热心老年教育事业的个人争取相关部门的审批资金、企业赞助等方式筹集资金。另外,一些愿意开展老年教育的高校、中小学,由于财务规定的限制,将经费用于开展老年教育的渠道不畅。如各地社区大学(电大)虽然愿意拿出相关经费支持社区老年教育,但是碍于政策限制,无法直接划拨款项,只能采取"以奖代补"的形式,或者以提供设备等名义给予物质上的帮助,并且后续的物资产权归属、报销等事项也非常烦琐。

九、社会力量参与度不足

长期以来,各地老年大学主要依靠党政部门和公共财政办学,无论是办学力量还是办学模式都比较单一。老年教育市场还未形成,缺乏市场机制调节供需关系;社会力量举办老年教育利益无法保障,社会资本参与老年教育的活力未能充分激发。近年来,一些社会力量开始涉足老年教育。但在市场化和公益化的矛盾之下,民办老年教育的成长之路依旧面临诸多困境。

各地不但没有任何扶持民间资本进入老年教育的专门政策,反而在审批注册方面存在政策壁垒。而民间力量要开办老年大学,目前大多只能选择民办非企业的形式,按社会组织实行登记管理。但是,组织登记注册须有一个主管单位。很少有单位愿意接受老年大学的挂靠,因为没有任何利益可言,只有责任和风险,所以许多民间资本最后都卡在这一关。如何理顺老年教育的发展思路,吸引更多社会力量参与进来,成为缓解老年人入学难的当务之急。另外,老年教育的主管部门不明确,中国老年大学协会设在全国老龄办,而多数省份的老年大学协会却设在省老干部局,上下不对口,导致老年教育工作进展缓慢。

第二节　老年教育供给存在问题的原因分析

随着近几年老龄人口急剧增加,老年教育资源供给不足的问题日益凸显。据统计,目前老年大学平均录取率仅为 25% ,一些热门专业的录取率甚至不足 20% 。老年大学"一座难求"的背后,不仅反映出越来越多老年人从单纯关注物质养老到日益注重精神养老的新变化,还折射出老年人日益增长的文化教育需要和有限的老年教育资源供给不足之间的矛盾。研究显示,老年教育供给存在问题的原因主要有以下几点。

一、供给资源匮乏

当前,老年教育供给资源较为匮乏,难以确保高水平的老年教育质量。从供给的硬件设施来看,政府并没有对老年教育机构的校舍、设备、设施进行标准化界定,造成各地老年教育机构设施建设参差不齐。在一些县级老年教育机构中,教学基础设施严重短缺。教学场地如舞蹈室、书画室、微机室等数量不足,基础设施不健全,乐器、体育用品、电子多媒体设备等教学辅助训练器材短缺,远不能满足现有学员的基本学习要求,使教学水平受到严重影响。从供给的师资来看,老年教育机构的专任教师较少,多外聘学有专长的老领导或当地高校教师来维持教学。一方面,老年教育机构缺乏对兼职教师的专业培训,使教师缺少对老年人学习、认知能力的了解,从而在教学过程中,难以结合学习者的特殊性进行有针对性的教学;另一方面,兼职教师队伍不稳定,教师更换频繁,课程衔接困难,致使学员难以适应。此外,在老年教育机构任教并非其本职工作,这些教师对这份工作自然缺少应有的责任心和严谨治学的精神,既缺乏对教学内容的钻研,也缺少对学员需求的关注,以致严重影响老年教育机构的教学质量,阻碍其实现跨越式发展。

二、供给机构数量不足

老年教育供给机构数量较少,难以满足老年人日益增长的教育需求。老年教育资源供给不足是全国普遍存在的事实。据统计,2021 年全国 60 岁及以上人口超 2.67 亿,但现有老年教育机构仅能满足不到 1100 万老年人的学习需求,而随机采访数据显示,期待和愿望参加教育的老年人占老年总体人口的 20% ~ 25%。[①] 可见,老年教育供给量远远达不到需求数量。河北省同样处在老年教育资源供不应求的境况中。能够招生 4000 人的河北老年大学,每年的报名者却有 2 万余人。报名人数激增,河北省老年教育机构能够容纳的老年学员人数却不到全省老年人口的 10%,与国家在《老年教育发展规划(2016—2020 年)》中提出的"以各种形式经常性参与教育活动的老年人占老年人口总数的比例达到 20% 以上"的要求相去甚远。在供需紧张时,老年教育很难惠及普通退休市民和农村老人。

三、供给模式陈旧,供给内容片面

老年教育采用的仍然是以往的供给模式,供给内容也极为片面,这导致老年人多样化的教育诉求难以体现。当前,老年教育一直沿用自上而下的传统供给模式,在供给内容和形式方面缺少对不同老年教育需求的关注和调查。老年教育需求调研、反馈机制的缺失,使老年教育机构课程设置、教学方式都存在针对性不强的问题。教学内容是老年教育的载体,能否科学合理地选择设置符合老年人需要的课程直接关系到老年教育目标的实现。[②] 一些地方的老年教育课程多年来一直侧重于休闲娱乐和健康养生方面的内容。一些反映社会和时代发展需求的新课程,如调查中提到的使用智能手机、网络运用、探讨生命意义和人生价值的课程,不能及时反映到老年教育的课堂中。此外,在制定课程标准时,往往难以结合不同老年群体的不同需求进行具体分析,忽视课程的学科性质、专业知识间的联系等科学规律。老年教育机构对教材的选择、教学计划的制订和实施、教学的评价反馈等,均缺乏统一的规划和实施标准,这导致教学内容缺乏系统性、规范性和科学性。

四、供给主体单一,供给资金有限

当前,老年教育供给主体单一,供给资金有限,难以满足老年教育规模

---

① 王群.武汉市老年教育供需问题研究[D].武汉:中南财经政法大学,2019.

② 于枫.青岛市城阳区老年教育服务供给存在的问题及对策研究[D].济南:山东大学,2020.

发展的需要。老年教育属于政府公共服务的重要组成部分,其公益性决定了它不能完全依靠市场调节来实现有效的供给。因此,多年来政府一直是老年教育的供给主体,运营经费主要依靠财政拨款,对老年学员只是象征性地收取少量的学费,甚至免费入学。但在老龄化人口比重逐渐加大以及随之而来的老年教育需求激增的情况下,单纯靠政府的财政投入越来越无法满足市场需求。再加上一些较为贫困的地区,财政资金投入不到位导致老年教育机构运营经费紧缺,进而影响老年教育总体水平的提高。[①] 为促进老年教育发展,政府也积极鼓励社会力量参与公益事业,创办老年教育机构,但并未在税收、资金补助等方面给予有力的优惠政策支持,使民办老年教育机构缺少持续的办学热情和动力,使本可以分担老年教育任务的民办老年教育机构举步维艰。因此,民办老年机构的持续发展急需政府相关优惠政策的引导和落实,帮助探索可持续发展的盈利模式。

五、供给政策不完善,管理制度不健全

老年教育的供给政策不完善,管理制度不健全,难以满足老年教育持续发展的需要。在供给政策方面,各地政府和组织尽管一直较为重视老年教育事业,但有关老年教育供给政策却并不完善。现有关老年教育的政策和制度只体现在少数文件政策中,在为数不多的文件政策中也仅集中于意见型、规划型层面上的宏观指导,缺乏对全省各地市老年教育原则、组织运行、责任主体等的法律性、制度性、可操作性规范。在管理制度方面,就外部管理体制而言,多年来一直存在体制不清晰、管理职能交叉重复、部门协调不畅的问题。老干部局、老龄委、文化局、民政局、教育局对老年教育事业齐抓共管,经常出现多头管理、互相扯皮等现象。就老年大学内部管理制度而言,也存在管理不到位、不细致等问题,如老年大学对教育信息的宣传力度不够,使老年人不能及时获取招生信息。多数老年大学实施班主任负责制,但一位班主任经常要管理上百名学员,超额工作量使班主任岗位形同虚设,进而导致很多学员的意见和问题得不到解决。

---

① 冯一伟.积极老龄化视角下城市社区老年教育供给研究:以安宁区为例[D].兰州:西北师范大学,2019.

第三节　老年教育供给的完善对策

在当前我国人民生活质量和水平已经大幅提升的背景之下,老年教育既要克服供给不足的难题,又要应对我国社会主要矛盾已经转化为人民日益增长的美好生活需要和不平衡不充分的发展之间的矛盾,也就是老年群体学习需求的多样化和层次化转变的现实。从"需求侧"的对面"供给侧"的角度来看,办学结构、专业内容以及城乡区域分布结构问题所引起的结构升级发展的不协调,直接影响到老年教育的发展。优化课程内容与形式、拓宽办学渠道、实现供给稳定与精准供给以及丰富老年教育的内涵,是老年教育供给侧改革的有效路径。

一、优化课程内容与形式,适应老年人学习需求

我国老年教育较之以往虽取得了明显的进步,但是其自身的发展速度已经远远落后于我国经济社会发展转型、产业结构调整与升级的速度,老年教育在课程内容与专业建设方面难以跟上新常态的发展要求。在国外,人力资源型内容已进入课程体系,而我国老年教育内容以健身娱乐为主要内容,老年人力资源开发等内容和形式被忽略。这与我国老年教育需求多元化和异质性特点形成鲜明对比。非专业性和短视发展等现象还很严重,我国老年教育课程建设科学化和系统化有待深入。实施老年教育供给侧改革的第一步,就是要根据老年教育发展规模和程度,以及老年群体对继续学习和提升生活质量需要的变化,不断地优化和调整专业结构,促进老年教育内容与需求相对接。例如:加强学习资源建设与配送,建设老年教育师资库,为开展老年教育配送师资提供支持;建立老年教育资源建设与共享联盟,围绕社会主义核心价值观、思想道德、科学文化、养生保健、心理健康、职业技能、法律法规、闲暇生活、生命尊严等方面,遴选一批通用型老年教育学习资源;结合不同区域的民俗文化,开发一批具有地方特色的老年教育学习资源;实现学习资源的开放共享,提升老年教育专业建设能力;发展"互联网 +老年教育"。以宁波市为例,由宁波教育系统和宁波民政系统共同开办的宁

波市老年电视大学自 2015 年在宁波社区大学正式挂牌以来运作顺畅,宁波市老年电视大学网和浙江省教育频道(老年电视大学课程)为学习主平台,以区域老年教育特色平台与资源为辅助和补充,开展线下教学点建设和线上学习"二线一体"建设。目前已建成分校及教学点 1176 个(包含浙江老年电大分校及教学点),建立了近 100 个宁波老年电视大学城乡示范教学点,这些分校和学习点基本形成了覆盖城乡的基层老年教学网络,逾 14 万老年人受益。①

二、拓宽办学渠道,全方位吸引社会各界力量支持

老年教育发展应该有社会力量的参与。当前,我们的老年教育工作尚未充分整合社会力量,使其参与到老年教育的发展中,市场的活力没有真正激活,影响了老年教育的进一步发展。面对这种现状,政府应重视市场主体参与老年教育发展的意义和作用,积极搭建平台,促进老年与社会力量的深入融合,在老年教育与市场对接中真正发挥桥梁与纽带作用。政府应该拓宽办学渠道,鼓励社会力量参与,积极探索养教结合的模式,从而实现多元办学。对于拓宽老年教育办学渠道,首先,积极引导和鼓励中职院校、高校参与老年教育,兴办老年学校;其次,充分激发社会资本活力,推进举办主体、资金来源的多元化,引导和鼓励社会力量投资举办老年教育机构,建立政府购买服务机制。通过政府购买服务、委托管理、项目外包等形式,规定社会力量所办的老年教育机构和公办老年教育机构依法享受国家的优惠政策等方式,鼓励和支持社会组织、企事业单位和机构等各类社会力量以独资、合资、合作等形式参与老年教育。

三、聚焦市场需求,保证老年教育精准供给

积极探索市场化运作,不断激发老年教育的活力。老年教育供给侧改革,应以增强人力资本积聚、带动社会经济增长为出发点和落脚点。以往的老年教育没有很好地发挥市场的作用。探索教育与市场的有效衔接与融合,发挥市场的功能和活力必须供给侧与需求端两手抓,以市场需求为基

---

① 张真真,张健明. 社会组织参与老年教育供给的必要性、可行性与策略探究[J]. 成人教育,2022(6):19 - 24.

准,提高老年人的社会参与率。这有利于和谐社会的构建,实现人才供给与需求之间的协同共振和良性互动。要进一步发挥市场在老年教育资源配置中的核心主导作用,积极探索老年教育的市场化运行机制。

第一,立足老年教育公益服务的核心本质,探索公益服务外超额服务的市场化操作。积极鼓励支持各老年教育机构以及相关社会组织设立老年专题栏目、制作老龄题材影视作品、举办大型文体与艺术展演等活动,争取推出更多有益老年生活的精神文化产品和服务载体。第二,培育老年教育产业。鼓励社会力量加强老年教育产业的研究,因地制宜地发掘与老年教育密切相关的旅游、服装、餐饮、文化等产业的价值,加快产业布局,推进创新创业,促进老年教育消费升级,推动老年教育产业发展。第三,积极发展老年学历教育,为老年人提高学历和自我提升创建学习平台。第四,积极探索养教结合的新模式,在老年养护院、社会福利中心、乡镇敬老院以及城乡社区居家养老服务中心等养老机构中设立固定学习场所,配备教学设施设备,开展教育教学活动,以市场调配资源的方式推进养教一体化探索,推动老年教育融入养老服务体系。通过不断丰富老年人的精神文化生活,扩大老年教育产业的服务半径,增强老年教育推动区域经济发展的能力。

四、大力实施特色化办学,不断丰富老年教育内涵

推动老年教育供给侧改革,提升老年教育的办学质量和参与度,关键在于丰富老年教育自身的内涵,以实现"老有所教、老有所学、老有所为、老有所乐"为目标,打造因地制宜、特色发展的老年大学。[1] 实体老年教育机构要加强老年学习型社团建设,以带动更多的老年人加入,政府要给予资金和政策支持。老年教育机构通过特色化办学,树立老年教育品牌意识,推动老年教育品质化发展,提供更好、更优的老年教育服务,可以不断壮大基层老年主体力量,扩大老年教育的影响力。通过调动企业、社会组织和个人的积极性,引导企业、社会组织和能工巧匠在社区和各级养老服务机构开展学习型团队建设,开展多种特色活动,可以进一步丰富老年教育的内涵。同时,各

---

[1] 刘雅婷.老年教育资源有效供给研究:基于上海市的实证调查[D].上海:华东师范大学,2020.

老年学校要坚持地方特色,挖掘地方教育资源,坚持因学施教、因地施教,不盲目追求高雅。

五、完善教育供给政策,健全教育管理体制

老年教育健康发展离不开法律保障与政策支持。政府和立法部门要联起手来,精准发力,启动老年教育相关的立法工作,建立健全老年教育相关的法律法规和方针政策,出台社会力量兴办老年教育在土地、财税、金融等方面给予优惠的扶持政策。既可以从法律层面为老年人接受教育赋权,增加社会对老年教育的认同感,也可以依据法律政策有效地保障老年教育机构的合法地位,监督、规范其日常运营和资本运作。科学健全的管理体制是老年教育有序发展的根本保障。在外部管理上,要理顺管理思路,明确责任分工,健全管理制度,避免出现职能交叉、沟通不畅等问题。各级党委、政府要继续发挥对老年教育工作的宏观指导作用,依照老年教育发展规律,统一协调分配老年教育相关各单位的任务,使各部门都能够各司其职、各尽其责。各级教育行政部门作为老年教育主管单位要切实做好老年教育发展的整体部署和规划,并负责具体业务上的细节指导,确保老年教育规范、有序发展。在内部管理上,要规范对学员的档案管理、学业管理和日常管理,及时发现并妥善解决老年学员在学习中的困难与不满,帮助他们获得更多的归属感和认同感,从而有效地提高他们的教育满意度。

第十章　新时代老年教育展望

当前人口老龄化已是无可争议的社会事实,随着人口老龄化趋势的发展,我国将面临老龄化所带来的多种问题。这已经不是老年人自己的问题,而是全世界都要面临的大事,怎样解决这些问题值得全社会共同思考。老年教育作为终身教育的最后一环,是应对社会人口老龄化问题的重要战略举措。大力发展老年教育,提升人口素质,是解决社会老龄化问题的一项战略性措施。

第一节　供给侧改革推动老年教育高质量发展

根据习近平总书记关于积极应对老龄化的重要论述和国务院印发的《"十四五"国家老龄事业发展和养老服务体系规划》相关内容,我们可以从"以供给侧改革为抓手,力促老年教育高质量发展"入手来解决当前老年教育存在的相关问题。我们从以下几个方面来阐明具体的意见和建议。

一、将指导意见作为推动老年教育高质量发展的重要手段

早在 2016 年 5 月 27 日,习近平总书记在中共中央政治局举行第三十二次集体学习时明确指出:"我国是世界上人口老龄化程度比较高的国家之一,老年人口数量最多,老龄化速度最快,应对人口老龄化任务最重。满足数量庞大的老年群众多方面需求、妥善解决人口老龄化带来的社会问题,事关国家发展全局,事关百姓福祉,需要我们下大气力来应对。"他要求各级党委政府"努力挖掘人口老龄化给国家发展带来的活力和机遇,努力满足老年人日益增长的物质文化需求,推动老龄事业全面协调可持续发展"。实践证明,发展老年教育,正是积极应对人口老龄化、实现教育现代化、建设学习型社会的重要举措,也是满足老年人多样化学习需求、提升老年人的生活品

质、促进社会和谐的必然要求。因此,党和国家的相关部门都在积极行动,认真落实相关政策,密集部署老龄工作,表示要"积极应对人口老龄化,大力发展老龄服务事业和产业"。国家制定的《"十四五"国家老龄事业发展和养老服务体系规划》要求"创新发展老年教育"。经全国人大修改后的《中华人民共和国老年人权益保障法》明文规定,"国家发展老年教育,把老年教育纳入终身教育体系,鼓励社会办好各类老年学校"。在此基础上,2022 年 2 月21 日,国务院正式印发了《"十四五"国家老龄事业发展和养老服务体系规划》(以下简称《规划》)。这是贯彻落实习近平总书记重要讲话精神的战略举措,是应对人口老龄化的顶层设计,标志着发展老年教育已经上升为国家意志,成为推进老年教育供给侧改革的重要途径。这使我国的老年教育事业引起了社会的广泛关注,初步形成了组织、教育、文化、民政、老龄等多部门共同推进的工作格局。我们一定要努力工作,不断提升老年教育的现代化水平,真正让老年人共享改革发展的成果。

二、依据总体思路突破老年教育高质量发展的资源瓶颈

要实现老年教育的高质量发展,就要解决好我国老年教育存在的资源供给严重不足,城乡、区域间发展不平衡,保障机制不健全,部门协调亟待加强,社会力量参与的深度和广度也需要进一步拓展等问题,让尽可能多的老年人走进老年大学(学校)接受老年教育。《规划》的出台为我们加快老年教育发展、扩大老年教育供给、创新老年教育体制机制、提高老年教育现代化水平都做出了战略部署。现在的首要问题,就是要抓好精神领悟,按照《规划》的总体思路,突破老年教育高质量发展的资源瓶颈。① 一要扩充老年教育场地供给。把老年教育的增量重点放在基层和农村,形成以基层需求为导向的老年教育供给结构,优化城乡老年教育整体布局,因地制宜地开展老年教育。按《规划》提出的目标,"到 2025 年,乡镇(街道)层面区域养老服务中心建有率达到 60%",这就要求我们建立健全"县(市、区)—乡镇(街道)—村(居委会)"三级老年教育网络,让老年人就近就地入学。二要拓展

① 杨万龙.以供给侧改革为抓手　力促老年教育高质量发展[J].老年教育(老年大学),2018(11):23－26.

老年教育发展思路,即丰富老年教育的内容和形式,积极探索养教结合等老年教育的新模式、新业态。三要强化老年教育支持服务。畅通"互联网＋数字电视"渠道,使优质老年学习资源向农村、边远、贫困、民族地区辐射,把信息技术融入老年教育教学全过程,并力促文化、体育、科技等资源服务老年教育。四要创新老年教育发展的体制机制,即通过激发市场活力,实现举办主体、资金筹措渠道的多元化;还可通过政府购买服务、项目合作等多种方式,支持和鼓励各类社会力量采取独资、合资、合作等形式参与老年教育,促进老年教育与相关产业联营,扩大老年教育消费,推动投资增长和相关产业的快速发展,确保各类老年教育资源的有效供给。

三、以人才战略提升老年教育高质量发展的科技含量

老年是人的生命的重要阶段,是仍然可以有作为、有进步、有快乐的重要人生阶段。老年教育既然是教育,就要坚持教育的标准和要求,因材施教,抓好智力开发,办研究型老年大学,育创新型实用人才,强化"无龄感教育",真正让老年学员自尊自强、自我发展、自我完善。湖南省郴州市老年大学的领导曾对老年学员提出过这样的要求:"身体要像年轻人那样健康,精力要像年轻人那样充沛,思维要像年轻人那样敏捷,生活要像年轻人那样时尚,追求要像年轻人那样执着。"这句话让老年学员很受鼓舞。以下五项推进计划,应当成为老年教育高质量发展的基本导向和主要遵循。

一是制订社会主义核心价值观的培育计划。可以通过编写相关教材,开展形式多样的教育教学活动,将社会主义核心价值观融入老年人的课程学习和各种活动之中。二是制订老年教育机构基础能力提升计划。要切实加强基层社区老年教育机构的硬件建设,各省相继出台方案,争取到2022年底,县级以上城市至少有一所老年大学,50%的乡镇(街道)建有老年学校,30%的行政村(居委会)建有老年学习点,各省(区、市)选取若干个养老服务机构,开展养教结合试点。三是制订学习资源建设整合计划。通过集体研究,出台老年人学习发展指南,探索建立老年教育通用课程教学大纲,遴选或开发一批实用型老年学习资料,打造并推进系列优质课程,建立支撑各区域老年教育学习的资源库。四是实施远程老年教育推进计划。探索建立健全以广播电视大学为主体的开放型老年大学,认真整合远程老年教育多媒

体课程资源,力争在全国的大部分县(市、区)通过远程教育开展老年教育工作。五是推进老有所为行动计划。组织引导离退休老干部、老同志讲好中国故事、弘扬中国精神、传播中国好声音,输送老年教育正能量;建立由离退休干部中的专业技术人员及其他有一定专长的老同志组成的老年教育专兼职教师队伍;推动各类老年社会团体与大中小学校合作,教育引导青少年继承优良传统、弘扬科学精神;在每所老年大学组建一定规模的老年志愿者队伍,定期开展面向社会的科技服务活动,争做出彩中国人,共圆伟大复兴梦。

四、重视内部管理,全面推动老年教育实现高质量发展

改革开放的总设计师邓小平讲过,"领导就是服务"。要实现老年教育的高质量发展,必须狠抓内部管理、强化领导责任、实施优质服务。湖南省怀化市老年大学明确提出:"一流的老年大学必须有一流服务质量的工作人员队伍。"他们正是通过抓具有"一流服务质量的工作人员队伍"建设,实现了对老年教育的主要载体老年大学的各项工作及广大师生的优质服务供给,提升了老年大学的内部管理水平,使怀化市老年大学成为首批"全国示范老年大学"之一。以校长为首的"银发办学团队"坚持"聚众老之智,拓发展之路",全身心地为老服务,感动了全校师生。校委"一班人"按《规划》要求开展工作,"政治立校树形象,教研兴校上水平,文化活校展风采,管理强校建功业",全校师生精神焕发,齐心争创全国示范校。

五、优化老年教育高质量发展的社会环境

人们常说"环境也是生产力"。实现老年教育高质量发展,必须高举习近平新时代中国特色社会主义思想的伟大旗帜,强化政治站位,抓好宣传教育,优化社会环境。首先,要优化领导工作环境,即按照《规划》的要求,压实领导责任,建立健全党委领导、政府统筹,教育、组织、民政、文化、老龄部门密切配合,其他相关部门共同参与的老年教育管理体制。据悉,上海市已经通过立法来保障终身教育与老年教育;江苏省以发展空中老年大学的形式确保了老年教育学习载体的稳定与优化;杭州市则通过构建"市民学习圈"来组织老年人经常学习,为全国各地发展老年教育创造了可复制的经验。其次,要定期开展老年教育发展情况调查统计,支持有关社会组织等第三方开展老年教育发展评估与研究,让主办单位感受到工作压力。再次,要倡导并鼓励普通高校、职业院校等相关专业毕业生和各行各业的优秀人才到老年教育机构工作,努力培养一支结构合理、数量充足、素质优良,以专职人员为骨干、兼职人员和志愿者相结合的老年教育、教学、科研和管理人才队伍。另外,各地区的相关部门和单位要采取多种方式尽可能地增加对老年教育的投入,切实拓宽老年教育经费筹措渠道,形成政府、市场、社会组织和学习者本身等多主体分担老年教育经费的激励机制。营造良好的组织气候和社会环境,广泛宣传党和国家关于发展老年教育的方针政策和各地老年教育发展的典型经验、案例、做法和成效,不断营造全社会关心、支持和参与老年教育的工作氛围,真正形成在老年教育高质量发展上"抓重点、补短板、强弱项"的巨大合力,使老年教育在全社会的关心和支持下切实解决好发展不平衡、不充分的问题,走出一条高质量发展的康庄大道。

第二节　社会力量参与举办老年教育的激励机制

社会力量参与老年教育是政府主导老年教育的有益补充,增加了参与主体的多元性,丰富了老年教育的形式和内容。在老龄化程度日益加剧的时代背景下,多元社会主体参与使老年教育从单一的政府承担转变为社会多种主体承担。从社会治理角度看,社会组织参与老年教育有利于提升老年教育的服务能力和学习资源水平。

一、推动多元社会主体参与老年教育的背景

当前,我国老龄化社会越来越严重,人口老龄化的进程对经济社会的发展也产生了深远的影响。现有老年教育机构的数量、规模、基础设施、办学经费、教学手段、办学水平远远跟不上时代发展的步伐,也无法满足老年人口快速增长的需要。

截至 2019 年末,全国各级各类老年大学在校学员约 1088.2 万,入学率仅占全国 60 岁及以上老年人口总数的 4%。老龄人口增长幅度远大于老年大学学额增长幅度,这种"剪刀差"还将进一步扩大。

在几十年的发展历程中,中国老年教育的办学模式主要是政府投资型,即办学经费主要依靠政府投入。近年来,我国老年教育突破了原有格局,已经形成了政府投资办学、企业投资办学、社会团体组织投资办学、个人投资办学等多渠道、多层次的办学格局,逐步形成了具有中国特色的老年教育体系,这标志着我国老年教育进入了一个全新的发展阶段。

二、社会力量参与老年教育的创新路径

(一)以区级小组办为抓手,鼓励创新

1. 各级领导重视,扎实推进创建工作

区级小组办、政府相关行政部门和相关老年教育机构积极采取措施,促进社会组织参与老年教育。在建设过程中,多数地区的教育、民政相关部门和区小组办都能按照要求认真落实社会学习点创建工作。这些地区召开专项会议布置督促,行文落实本区相关工作要求,在推动社会学习点创建的基础上撰写区级工作汇报和汇编本区各社会学习点申报材料,区教育部门、民政部门、小组办的领导与学习点主要负责人共同出席调研汇报会并精心准备了汇报材料。

一些地区颁布了建设老年教育社会学习点的实施意见,以红头文件的形式对社会学习点建设的宗旨、申报、审核及评估标准进行了明确的规定。同时,为进一步鼓励民办教育培训机构参与老年教育,将"开展社会公益服务"作为对民办教育单位进行信用等级评估的重要加分项,纳入民办机构的信用平台。

2. 出台政策,予以经费扶持

老年教育具有公益性,体现为消费上一定的非排他性和有限的非竞争性,以及供给上全社会的共同参与性和义务性。老年教育公益性在社会学习点建设标准中非常明确。对社会组织或企业来说,经费扶持是老年教育社会学习点建设的必要条件。一些地方制订了关于对已挂牌社会学习点进行扶持奖励的工作方案和关于对已挂牌市级老年教育社会学习点进行扶持奖励的实施通知,并对通过验收评估后挂牌的学习点进行了奖励。各区、县也非常重视地方的经费筹措,通过不同渠道为社会学习点的老年教育项目的发展提供相关支持,大致有以下几种情形。

（1）直接予以经费补贴。学习办根据每个学习点的招生情况给予适当补贴，以保证学习点能够持续提供优质的教育服务。政府拨付社会学习点建设专项经费，建立健全"政府统筹、教育主管、社区扶持、社会参与"的社会学习点管理体制。学习办还为每个学习点购买了场地险，以保障老年人在校学习期间的安全。一些老年学校与当地的企业合作，以购买服务模式签订合作协议，明确权利和义务。按照"公益为主，适度补贴"的原则，学习办对办学过程中发生的经费实施"一班一结，按实结算"的办法，确保学习点在注重社会效益的同时也不影响正常运行。

（2）实施项目奖励。老年教育工作小组以协议的形式和学习点签约，明确工作内容和经费使用范围、经费使用要求。以每个街道社区学校为单位编制预算，用于奖励社会学习点的优质课程。该经费由社区学院预算，根据各个学习点提供的项目及执行的情况，经评估机构评估后给予发放。各地区对各类学习点都给予资金支持，采取依据协议的方式购买服务，根据考核结果拨付奖励经费，将项目实施效果与经费支持挂钩，保证了资金的使用效能。

3. 创新思路，实现可持续发展

在老年教育社会学习点的建设过程中要注重建立社会组织参与老年教育的长效机制。社会学习点的培育选拔、运行机制的建立、激励扶持举措和考核评价体系的完善和落实到位，奠定了持续稳定的发展基础。一些地方采用了分级培育、分层推进的工作方法，筛选出区级学习点，再培育出市级学习点。在机制创新上，各地方都有一些比较好的做法。

一些地区对社会学习点进行了评审，还组织了专题培训。通过专家实地评审和指导，区小组办能够掌握学习点开展老年教育工作的实际情况，及时总结、巩固优点，解决存在的问题，以评促建，加强对学习点工作的指导、规范，进一步提升学习点建设工作的有效性。

在社会学习点建设中，还形成了创新建设的六个"有"理念，即政府支持有力度、课程建设有特色、过程管理有监督、经费支持有保障、推进合作有项目、宣传发动有广度。将"扩大老年教育覆盖面、提升老年教育服务质量"的工作目标落到实处，同时成立"老年教育社会学习点办学联盟"，本着"资源共享、优势互补、共同发展、彰显特色"的宗旨,促进社会学习点之间抱团式发展,让社会学习点各项工作通过大联盟的平台自我管理、自我运作,打造区域内老年教育社会学习点的公共服务平台,形成了社会学习点工作"政府统筹、联盟运作、协同治理"的管理新模式。

4. 打造品牌,提升品质

一些地区注重打造学习点品牌,提升老年教育学习品质。有些地区选择有一定特色、符合市民学习需求的社会资源,将这些社会资源培育成老年教育社会学习点。这些社会主体有开展老年教育的办学意愿,在场所、课程、师资方面相对成熟。在开展社区老年教育活动中提供社区教育公益服务,不以营利为目的地举办、开展和参与各种社区老年教育活动,是公办老年教育办学网络的有力补充。

(二)相关老年教育机构为社会组织参与老年教育提供保障

各地社会组织参与老年教育的时间普遍都不长,除一些民办非学历教育机构外,多数都刚刚入门,其中一些办学成效突出。比较规范的社会学习点背后,都有老年大学、老年学校、成人学校发挥支撑作用,主要表现为:制定创建工作安排,遴选推荐学习点,帮助学习点制订教学计划、制定规章制度、组织教学与各项专业服务工作等。一些老年大学还为社会学习点提供了系列专业支持服务,参与了专家遴选,明确专人进行现场走访、逐家指导、活动展示等。

(三)各社会组织作为学习点建设的主体,实现资源共享

1. 提炼出一定的服务理念

一些地方的社会学习点在工作中坚持"三性""三度",即"公益性、整合性、趣味性"和"学习热度、学习温度、学习深度",积极探索社会学习点服务社会的工作模式和实现途径,努力为老年教育做贡献。

不少社会学习点还在实践中形成了以需求为导向的老年教育服务理念,有多家社会学习点在建设初期从健康保健、休闲娱乐、实用技能、家庭与人际、社会与政治、自我实现与生命意义等多维度,通过发放问卷、实地考察、交流座谈相结合的方式,对老年人的学习需求开展专项调研,全面获取老年居民在教育养老方面的需求,并依据调研结果、结合区域特色,科学地设计和调整所提供教育服务的内容。

2.社会组织积极主动参与老年教育,发挥自身优势

社会组织积极响应政府要求,发挥优势对接老年人的需求。在政府部门的推动下,不少社会组织参与到老年教育中,其提供的教育服务有如下类型。

(1)以自身主营业务、优势项目参与。例如,上海虹口区的精武体育总会的"精武武术""精武体育"被列为非物质文化遗产项目。本着公益性的原则,精武体育总会利用自身独特的教育资源为社区居民中对传统武术技艺感兴趣的老年人开设普适性的武术课程和活动,在强身健体、陶冶情操的同时,亦能增进邻里关系,促进社区和谐,为上海建设学习型社会和构建终身教育体系贡献力量。

(2)以民非教育机构的教育资源参与老年教育。这种类型比较多见。上海徐汇区博学科技进修学校是一家专业从事青少年英语培训的民非办学机构,教学设施设备齐全,规章制度完善,拥有各种不同面积、功能的教室,能够满足不同类型课程的需求。针对老年人的学习需求,该学校聘请了具有丰富的专业知识、热心为老年人服务的教师,开设了旅游英语、形象设计与化妆、插花、朗诵和工笔画五个班级,坚持快乐教育的原则,在教好知识的基础上全方位为老年学员提供服务。

(3)以场地、教育服务等资源参与老年学习。例如,上海普陀区当户书画院是一家在文化系统注册的民办非企业单位,多年从事中国书画的创作、研究、交流等相关服务。2016 年,当户书画院和浙江省遂昌县文化馆、普陀区老年大学和普陀区石泉社区文化活动中心主办过"五美遂昌"老年画展;2020 年与石泉社区学校合作开设了山水粉墨画研究讲座、书法研究班、国画基础班等,凝聚了一批老年书画爱好者,积极为老年人提供灵活多样的教育服务。

第三节　老年教育供给侧改革的方向与保障机制

一、老年教育供给侧改革的方向

(一)老年教育供给侧改革的关键:创新老年教育体制机制

当前老年学习需求"井喷式"增长,供需失衡,现有的教育资源无法覆盖所有老年人,老年教育供需矛盾突出。供给不足背后也折射出老年教育推进过程中存在效率低下的问题。由于老年教育受到管理体制机制问题的局限,因此出现供需不平衡、经费短缺、师资队伍缺员等许多现实问题。从老年教育供给侧改革的视角出发,着重抓好制度化建设,是保证老年教育供给侧改革实施的关键。从制度设计、运行机制上推进探索老年教育的路径和机制,从而实现其"有效精准供给",首先要抓好顶层设计,加强老年教育政策落实,明确做好老年教育是政府的重要工作,是全社会的共同责任。其次要切实提高政府部门对老年教育的重视程度,地方政府应加大对老年教育的投入,推动设立老年教育发展建设专项资金,明确老年教育补助经费标准,完善老年教育的财政投入机制。再次要加强老年教育的师资队伍建设,加大对老年教育工作的督导和考核。老年教育要进行"自上而下"的供给侧改革,就要在供给源头上开展改革。政府在顶层设计上必须随着老年群体学习和生活需求的调整、升级重新进行结构性规划,随着社会产业不断变化而转型调整。①

(二)老年教育供给侧的重点:扩大量的供给与加强质的提升

习近平总书记在十九大报告中明确指出,我国社会主要矛盾已经转化为人民日益增长的美好生活需要和不平衡不充分的发展之间的矛盾。当前我国老龄化程度持续加深,高龄化、空巢化现象日益严重。在这个背景下,大力发展老年教育,为老年人提供良好的精神生活环境与优质教育服务势

---

① 赵文君,钱荷娣.老年教育供给侧改革的方向、路径及保障机制探索[J].职教论坛,2018(6):127-132.

在必行。我国老年教育体系主要是以老年学校和老年大学为主,老年教育资源极为短缺,教育供给存在着以城市为中心、以老年干部为主体的倾向,忽略了对广大农村与弱势老年群体的应有关注。老年教育供给缺位,既表现为量的供应不足,又表现为质的参差不齐。老年教育领导部门不明确,各级老年大学资源紧缺,存在着"一位难求"现象。因此,保证老年教育供给是老年教育供给侧改革的题中要义和核心任务。从根本上增加老年教育资源供给,首先要优先发展城乡社区老年教育。城乡不是只强调城市,老年教育也不仅仅是传统的老干部大学。应加强城乡社区(村)级老年学校布点建设,加强县(市、区)、乡镇(街道)、村(社区)三级老年大学建设,实施城乡老年教育对口支持,鼓励优质老年大学在乡镇设立分校或办学点,推动整合乡镇资源创办老年学校,开展老年教育服务,进一步有效整合乡村教育文化资源。其次,要促进各级各类教育机构开展老年教育,推动具有相关学科和资源的高等学校、中职学校开展老年教育,创办老年大学或建立老年学习体验基地。推动精准施策,进一步探索建立各级各类公办学校开放场地、校舍、设施设备等使用管理机制,为老年人学习提供支持。再次,要推动老年大学面向社会办学,鼓励社会力量参与,充分激发社会资本活力,推进举办主体、资金来源的多元化,引导和鼓励社会力量投资举办老年教育。

(三)老年教育供给侧改革的中心:满足老年群体多样化需求

供给与需求是辩证统一的,两者不可分割。进行老年教育供给侧改革,不容忽视需求侧。如果我国老年教育供给侧发展不平衡等问题不能得到有效的解决,在需求侧就会产生同样的问题。乡镇基层是老年教育的短板,乡镇老年教育的发展是老年教育成长进程中的薄弱环节。由于城乡社区老年教育供给不足,且供给内容较为单一,老年群体的学习意愿并不是非常强烈。但城乡老年群体更加自由与丰富的环境,应该激发出更多的学习需求。另外,城乡老年人群体对老年教育的需求呈现多元化特点,老年教育供给侧没有经过精心调查和设计,导致供给与需求并不匹配。老年教育需求侧在增加财力支持的基础上,需要更多精力和智力的投入。可以利用老年群体熟悉的传统文化开发适合老年人多样化学习需求的各类学习资源,以优质的内容吸引老年人的注意力。同时,要保证教育内容的更新与创新,使老年人在学习过程中能够深刻体会到当下信息时代的超强吸引力,让老年群体切实感到学习与自己的生活紧密相关。目前老年人学习现代互联网技术的热情不断高涨,通过构建"网上老年大学"、搭建老年互联网与手机学习平台,让老年教育宣传渠道不仅可以跨时空遍地开花,而且可以把老年教育的触角集中在社区、延伸至家庭、扩展到个体,充分满足老年群体的学习需求。

二、老年教育供给侧改革的保障机制构建

(一)加快老年教育法制化建设,为老年教育提供有力支持

法律是管理之基,制订完善老年教育法律法规是老年教育在法治社会发展的基本条件,法律法规也是老年教育可持续发展的重要保障。目前我国老年教育法律体系还没有建立起来,尤其在地方性法规方面还存在很大的缺口,地方相关政府部门应该尽快出台法律文件,一方面是为了保证当地老年教育的顺利开展,在遇到问题时能够有效解决;另一方面是为了保护老年教育工作者的权利。要运用法律赋予的权利抓好顶层设计,按照党委领导、政府主导的原则,可设置老年教育管理联合管理组织等,由教育、组织、老干、民政(老龄)、发改、财政、人社、体育、文化、妇联等多部门共同组成,努力形成"一方牵头、各方参与、分级负责、协同推进"的老年教育管理新体制。同时,要进一步明确职责分工,加大对各级政府和部门的考核监督。加强法律法规建设,实现老年教育管理体系新发展。以宁波市为例,2015年正式实施的《宁波终身教育促进条例》把老年教育作为终身教育五大教育内容之一,从法律层面保障了老年教育的地位和作用。2016年《宁波市老龄事业发展"十三五"规划》在"老年精神文化"体系中对发展老年教育提出了进一步要求和任务。《宁波市教育中长期规划(2010—2020年)》对全市老年教育工作进行了布局和规划。2016年《宁波市"十三五"教育事业发展规划》中提出了"建立普惠性老年教育学校"的具体目标。2017年中共宁波市第十三次代表大会报告中进一步明确提出"普及办好老年教育"的动员指令。法律政策不断完善,政府认识不断提高,为全市老年教育的发展奠定了基础。

(二)加强组织领导与制度建设,保证老年教育的刚性供给

各地政府要高度重视老年教育工作,把老年教育纳入条例规划,推进老年教育制度建设,认真贯彻国务院关于《"十四五"国家老龄事业发展和养老服务体系规划》等文件要求。把老年教育作为终身教育五大教育内容之一，教育、组织、民政、文化、老干局、老龄部门等密切配合，部门要按照职责分工，加强沟通协调，通过规划编制、政策制定、指导监督，共同推进老年教育发展。各级政府要把老年教育纳入本地经济社会发展规划和教育及老龄事业发展规划。① 要将老年教育工作纳入各级政府相关部门绩效考评内容，把老年教育工作纳入教育工作、老龄工作、老干部工作的评比表彰范围。加强经费保障，在经费投入上形成老年教育经费筹措运作机制，合理安排老年教育办学经费；各级政府要将老年教育经费列入财政预算，为老年教育买单。采取多种方式加大对老年教育的投入，形成政府、市场、社会组织、学习者等多主体分担和多渠道筹措老年教育经费的机制。完善老年教育收费制度，制定老年教育"差异化"收费标准，发展市场化收费项目，减免贫困老年人进入老年大学(学校)学习的费用。

(三)加强舆论宣传，营造积极参与的老年教育氛围

各地要进一步完善老年教育相关管理制度，促进老年教育规范、健康发展。各部门要加强对老年教育办学机构的指导与管理，确保依法、依规办学。老年教育办学机构要建立健全办学管理制度，规范办学行为，加强办学过程管理；要明确办学主体和学习者责任，建立切实有效的安全保障体系；要以需求为导向，提供便捷服务；要广泛宣传党和国家关于发展老年教育的方针政策和法律法规，以党委领导、政府主导、社会参与、全民行动为切入点，努力使全社会关心、支持和参与老年教育的氛围更加浓厚；要充分调动老年人参与学习的积极性和主动性，积极培育老年学习文化，使学习风尚融入老年人生活，让老年教育适应老年人的生活，让老年教育发挥其该有的价值。只有供给主体的制度支持有力，需求主体的接受意愿积极，管理体制顺畅，教育形式多样，才能够有效解决老年教育"供需矛盾突出"的现实问题。从供给侧改革的视角出发，从制度设计、运行机制和技术支撑上推进老年教育的路径与机制，从而实现"有效精准供给"，增强人力资本积聚，带动社会

---

① 冯馨.初探老年教育供给侧改革的方向与保障机制[J].现代农业研究,2018(9)：61－62.

经济增长,推进老年教育供给侧改革,提高老年人群体的文化素质与生活品质。

第四节　供给侧教育改革下老年教育创新实践与探索

一、充分调动物业服务公司的积极性,扩大老年教育的覆盖面

随着生活水平的提高,小区居民对生活质量的要求也在逐步提高,物业服务公司已经成为为小区居民提供各项生活服务的重要市场主体。物业服务公司服务领域已经扩展到居民生活的多个方面。作为以老年人为服务对象、紧密联系老年生活的老年教育将成为物业服务公司多元化发展的重要服务领域。当前物业服务公司具备开展老年教育的多种条件和优势:一是物业服务公司掌握小区内各个家庭的基本信息,对老年人的身体、心理及经济状况也比较了解,有利于开展老年教育等养老服务活动;二是物业服务公司拥有小区内场地、相应设施等硬件的管理权,能够充分利用这些资源开展老年教育活动;三是物业服务公司与老年人接触交流的机会比较多,由物业服务公司开办老年教育活动更容易得到老年人的认可和支持;四是老年人不用离开自己熟悉的环境,就可以在自己家门口享受各种老年教育资源,这提升老年人参加老年活动的便利性与积极性,从而能够充分保障老年教育的可持续性。河北卓达物业服务公司在开展老年教育方面已经进行了前期探索与创新,力求把老年教育融入"全龄化亲情养老智慧社区"的打造过程中,建立适老化亲情社区品牌。卓达物业"利用物业服务占社区服务中的主导地位优势,通过地产在养老设施、设备、场地等硬件的种种投入和物业自身的种种服务,调动并整合社区内外所有为老年人服务的力量和资源,利用社区养老服务网络开展为老年人服务",建立了卓达老年大学、图书馆,设置了适合老年人的不同层次的老年教育课程,让老年人在家门口就能享有专业化的老年教育服务,丰富了老年人的生活,提升了老年人的生活质量。老年教育活动的开展,一方面树立了卓达物业的行业品牌,另一方面也取得了良好的社会效益和声誉。

物业服务公司是以营利为目的的企业,挣钱是其核心目标;而老年教育是一种公益或者微利行业,而且当前老年教育工作的开展也缺乏相关政策的支持。物业服务公司作为老年教育服务主体的有生力量还没有得到相关部门的重视,开办老年教育的积极性尚未得到调动。为了吸引物业服务公司开展老年教育活动,充分发挥物业服务公司在老年教育服务中的作用,相关政府部门要创造相应硬件和软件条件,营造物业服务公司开展老年教育的社会氛围。首先,民政部牵头并会同住建部等有关部委抓紧研究在新建住宅小区中同步规划建设老龄服务中心、老旧住宅小区改造中增加老年教育财政投入等相关的政策文件,做好老年教育发展的顶层设计,为物业服务公司开展老年教育创造良好的设施设备条件;同时建议国家和地方政府设立老年教育专项补贴或者老年教育彩票基金,通过政府补贴或者彩票基金的形式对提供老年教育的物业服务公司予以扶持;其次,民政部门设置有关老年教育的政府购买社会服务项目,物业服务公司可以作为购买服务对象进行购买,通过政府购买服务方式开展老年教育相关活动,从而确保老年教育经费的可持续性;再次,为了保障老年教育效果,提升老年教育的专业性和规范性,民政部必须会同有关部门制定社会力量参与老年教育的质量规范及标准,促进物业公司开展老年教育活动的健康、有序发展。①

二、积极引导高校举办老年教育,提高老年教育水平

高等学校作为师资、场地、设备、经费及声誉等多种教育资源的聚集地,在开展老年教育方面具有得天独厚的优势。由于一直以来对高等学校开展老年教育的角色认定不够明确,我国参与老年教育的高校屈指可数。随着政府提倡社会力量兴办教育事业,高等学校作为老年教育办学主体的重要性日益显现。高等学校作为国家全额拨款的事业单位,充分利用高等学校的各种教育资源,满足老年人教育需求是高等学校应该承担的社会责任。高校开展老年教育、办老年大学,为高校服务社会提供了一条新的途径。从韩国高校举办老年教育的经验看,高等院校的老年教育主要通过大学附属

---

① 景圣琪,马素萍,高洪波.基于供给侧教育改革的老年教育创新实践与探索:以南通市老年教育为例[J].南京广播电视大学学报,2017(3):1-4.

的独立机构、终身教育院、研究所、网络大学等实施。第一,高等学校根据自身优势资源设置老年教育研究所,深化人口老龄化背景下的老年教育研究,通过相关研究提升老年教育的社会影响,为老年教育发展献计献策;第二,鼓励高等学校对老年人开放图书、教学设施、教学课程等优质老年教育资源,允许老年人进入相关场所学习;第三,利用教育资源闲置的节假日时间,通过政府购买服务、联合办学等形式灵活开展老年教育活动,充分利用高等学校的人力、物力资源;第四,高等学校充分利用师资优势,开发老年教育课程,建立老年教育课程资源库,利用网络技术进行老年教育;第五,高等学校可以建立自己的老年大学,通过全日制或者非全日制等形式举办老年教育,提升老年教育水平。西南财经大学天府学院已经对高等学校开展老年教育模式进行实践,建立了天府老年大学。天府老年大学由西南财经大学天府学院举办,主要依托西南财经大学天府学院的教育资源,已成为四川省乃至全国第一所由高校举办的面向全社会老年群体开放的新型全日制老年大学。天府老年大学首次将大学的学分制引入老年教育中,老年学员修满规定学分即可获得荣誉毕业证书及学位证书。天府老年大学通过营造老年友好环境,帮助生活能够自理的老人实现组织重构、生活重构、角色重构,把老年教育、老年公寓、老年参与等融为一体,让老年人根据自己的权利、需求、爱好、能力参与社会活动。该老年教育机构充分利用了西南财经大学天府学院老年服务与管理专业、健康服务与管理专业相关师资及学生资源开展老年教育活动,不仅让老年人得到充分的保护、照料、保障和尊严,使学习成了老年人退休后的生活方式,同时充分发挥了高等学校的自身资源优势为社会服务,实现了社会效益和经济效益的双重目标。[①]

三、大力推动养老机构开展老年教育,提高老人生活质量

养老机构是老年人群体的主要集中地,随着我国老龄化、高龄化趋势的发展,养老机构养老将成为老人的重要养老模式。老年教育以老年人为对象,养老机构将成为我国老年教育的重要办学主体,"养教结合"将成为我国

---

① 毛毛.依据老年人身心及地域特点,实现老年教育的精准供给[J].广播电视大学学报(哲学社会科学版),2018(1):126.

老年教育的发展趋势。养老机构开展老年教育具有重要的意义和较大的价值:一方面,通过老年教育,老年人不断学习养生、保健、心理知识,促进了老年人身心健康,整体提高了老年人的生活质量;另一方面,老年教育活动能够改变当前入住养老机构的老年人"吃了饭等睡觉,睡了觉等吃饭"的单调生活模式,增加老年人的活动形式与空间,加强老年人之间的交流与沟通,提升养老机构的社会声誉。为了推动老年教育事业发展,上海市政府也在大力推动"养教结合"模式的试点与探索,为养老机构购置电视、电脑等教学设备。福利院、敬老院、老年公寓等机构可通过"医养教结合",多形式提供老年教育机会。调查发现,由于工作负担重、专业人员短缺、规模不够及评估考核等多种原因,在养老机构进行老年教育活动是一项比较困难的工作。养老机构开展老年教育的积极性并不高,它并没有成为提升老年人生活质量的重要方式。

养老机构开展老年教育必须改变传统老年教育模式,进行创新探索。在当前的社会形势下,仅仅靠养老机构自身去做老年教育,资源是很欠缺的,需要充分利用政府、学校、社会组织等多种社会资源共同开展老年教育,因此整合各种社会资源是当前养老机构创新老年教育模式的重中之重。我们认为,养老机构可以从政府部门、高等院校、志愿服务及各种社会组织中寻找资源,丰富老年教育的服务形式与层次。养老机构是具有一定公益性和慈善性的社会机构,政府有责任有义务进行支持,可以通过专项补贴、政策优惠、舆论倡导等多种形式对养老机构开展老年教育进行引导与帮扶;与地方高校合作,充分利用高校教学师资丰富的优势,在养老机构开展形式多样的老年教育,提高老年教育的层次和水平,提升老年人的生活质量。志愿服务作为我国当前蓬勃发展的社会力量,在扶弱济贫领域发挥了重要功能,因此养老服务机构是多种形式的志愿服务的关注焦点与资源投入的重点。养老机构应该加强与志愿服务团体的联系,充分利用志愿服务的优质资源开展多种形式、持续性的老年教育活动。随着社会发展的需求及申请注册社会组织的政策宽松,各种社会组织快速发展,以养老为服务领域的社会组织得到了相关政府部门的大力支持,也成了政府购买社会服务的主要购买对象。养老机构应该积极加强与专业养老服务社会组织的合作,通过联合申报各级政府购买服务项目的形式开展更加专业化、规范化的老年教育活动。

　　快速的人口老龄化、高龄化事实无论如何是不能回避的，如何推进我国老年教育事业健康发展已经成了迫切要解决的问题，也是我国建设终身学习型社会的必备环节，这也对我国现行老年教育体系形成了新的挑战。老年教育是以老年人为本的教育，必须从老年人的实际出发，提供充足有效的教育资源，才能真正满足老年人的教育需求。政府部门的大力支持及多元化的办学主体将有力地解决老年教育资源不足的问题，教育内容及教学方法的创新将进一步提高老年教育供给的有效性。老年教育供给侧的结构性改革，对我国老年教育的健康、快速发展必将起到重要的推动作用。但不容忽视的是，老年教育是一个系统工程，不可能一蹴而就。当前只有广泛动员社会各种力量共同关注、关心、支持老年教育事业，才能真正实现"从缺失到多元"的中国老年教育发展新格局。

参 考 文 献

[1]吴遵民.终身教育研究手册[M].上海:上海教育出版社,2019.

[2]叶忠海.中国当代老年教育发展研究[M].上海:华东师范大学出版社,2019.

[3]易鹏,梁春晓.老龄社会研究报告:2019:大转折:从年轻社会到老龄社会[M].北京:社会科学文献出版社,2019.

[4]吴遵民.现代终身教育体系论:中国终身教育发展的路径与机制[M].上海:上海人民出版社,2019.

[5]叶瑞祥,卢璧锋.老年教育学与教的原理[M].广州:世界图书出版广东有限公司,2019.

[6]陆剑杰.老年教育学:中国老年教育34年实践经验的学术研究升华[M].南京:河海大学出版社,2019.

[7]孙立新,叶长胜,姚艳荣.老年教育学[M].杭州:浙江大学出版社,2022.

[8]张少波.老年教育管理学[M].上海:同济大学出版社,2014.

[9]杨德广.老年教育学[M].北京:人民教育出版社,2016.

[10]梅陈玉婵,莫罗－豪厄尔,杜鹏.老有所为在全球的发展:实证、实践与实策[M].北京:北京大学出版社,2012.

[11]郑永廷,罗姗.中国精神生活发展与规律研究[M].广州:中山大学出版社,2012.

[12]冯建军.教育学基础[M].北京:中国人民大学出版社,2012.

[13]曲江川.老年社会学[M].北京:科学出版社,2007.

[14]黑格尔.法哲学原理:或自然法和国家学纲要[M].范扬,张企泰,译.北京:商务印书馆,1982.

［15］孙建国.中国老年教育探索与实践［M］.北京:科学出版社,2011.

［16］熊必俊,郑亚丽.老年学与老龄问题［M］.北京:科学技术文献出版社,1989.

［17］金德琅.老年教育经济学［M］.上海:同济大学出版社,2014.

［18］康德.道德形而上学原理［M］.苗力田,译.上海:上海人民出版社,2005.

［19］陈可冀.老龄化中国:问题与对策［M］.北京:中国协和医科大学出版社,2002.

［20］高兆明.伦理学理论与方法［M］.北京:人民出版社,2005.

［21］郭忠华,刘训练.公民身份与社会阶级［M］.南京:江苏人民出版社,2007.

［22］雷雳.发展心理学［M］.3 版.北京:中国人民大学出版社,2017.

［23］齐伟钧.海外老年教育［M］.上海:同济大学出版社,2014.

［24］徐丽君,蔡文辉.老年社会学:理论与实务［M］.台北:台湾巨流图书公司,1985.

［25］袁方.老年学导论［M］.北京:社会科学文献出版社,1995.

［26］张东平.老年教育社会学［M］.上海:同济大学出版社,2014.

［27］许淑莲,申继亮.成人发展心理学［M］.北京:人民教育出版社,2006.

［28］杨庆芳.我国老年教育发展探究:基于积极老龄化的视角［M］.北京:知识产权出版社,2014.

［29］余运英.应用老年心理学［M］.北京:中国社会出版社,2012.

［30］傅美婷.中国老年教育政策法规回顾与反思［J］.课程教育研究,2019(4):247-248.

［31］荀荣津,夏海鹰.学习型社会背景下老年教育可持续发展探究［J］.成人教育,2018(2):42-44.

［32］贺莎莎,孙建娥.积极老龄化政策研究综述［J］.社会福利(理论版),2017(11):7-14.

[33]马丽华,叶忠海.中国老年教育的嬗变逻辑与未来走向[J].南京社会科学,2018(9):150-156.

[34]张瑾,韩崇虎.中外老年教育政策的比较与反思[J].成人教育,2019(6):49-55.

[35]滕野.浅析当今老年教育发展的问题与对策[J].文化创新比较研究,2019(15):149-150.

▼
参考文献